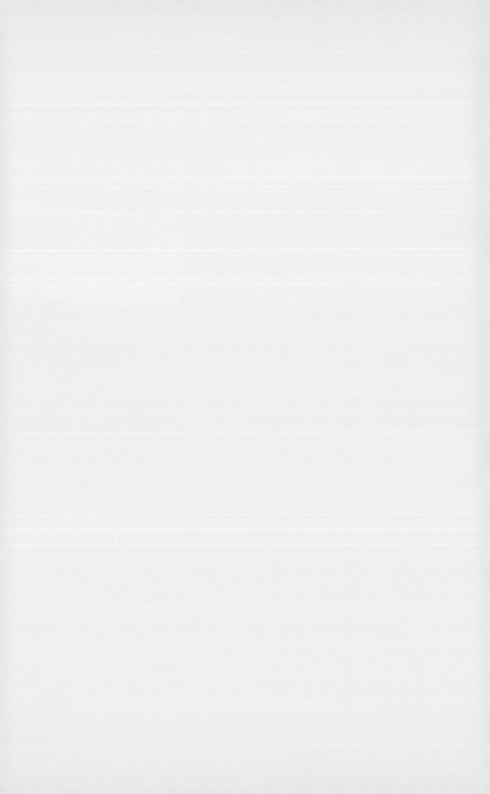

문제를 해결해야 독서다

비즈니스
문제 해결 독서법

문제를 해결해야 독서다

비즈니스 문제 해결 독서법

초판 1쇄 인쇄일 2022년 05월 03일
초판 1쇄 발행일 2022년 05월 13일

지은이 경진건
펴낸이 양옥매
교 정 조준경

펴낸곳 도서출판 책과나무
출판등록 제2012-000376
주소 서울특별시 마포구 방울내로 79 이노빌딩 302호
대표전화 02.372.1537 **팩스** 02.372.1538
이메일 booknamu2007@naver.com
홈페이지 www.booknamu.com
ISBN 979-11-6752-158-3 (03320)

비즈니스
문제 해결 독서법

문제를 해결해야 독서다

경진건 지음

프롤로그

내가 독서가 꼭 필요하고 중요한 일임을 알게 된 것은 이랜드 그룹에서 어린 나이에 '로이드'라는 신규 브랜드의 본부장이 되고 난 뒤의 일이다. 매주 화요일마다 회장님과 본부장들이 모여 회의하고 공부하는 시간을 보냈는데, 함께 읽고 토론한 책에 대해 회장님께서 정리해주시는 시간이 있었다. 그때 나는 똑같이 읽은 책에 대해 회장님이 정리한 내용이 다른 것에 많은 충격을 받았었다.

'왜 똑같은 책을 읽고 이렇게 정리된 내용의 수준이 질적으로 다른 걸까?'
'회장님께서는 어떻게 사업상의 그 많은 문제에 대한 답을 알고 계시는 걸까?'

그 이후로 많은 관찰을 통해 회장님께서 회사의 수많은 문제들을 어떻게 다루는지, 그리고 회사가 빠르게 성장하면서 사전에 한 번도 경험하지 못한 문제들을 만났을 때 대응 방법을 어떻게 찾고 계시는

지를 알게 되었다. 결국 '수많은 비즈니스 문제를 어떻게 해결해 가는 가?'에 대한 답은 '독서'였다. 그리고 이것을 다른 누군가에게 배우는 것이 아니라 스스로 그 방법을 찾아서 공부하고 계시다는 사실을 알게 되었다.

그때 이후로 나는 독서라는 것이 글자 그대로 책을 읽는 것이 아니라 문제를 해결하는 도구이자 시대를 앞서가는 도구이고 스스로 학습하는 아주 좋은 방법이라는 것을 깨닫게 되었다.

그 후 나의 첫 번째 책인 『CEO 돌파 마케팅』을 쓰면서 5년 4개월이란 시간이 걸렸는데, 이때 마케팅이라는 한 가지 주제를 해결하기 위해 스스로 독서하고 정리하고 강의하는 과정을 통해 '답'을 얻어 가는 독서법을 정리할 수 있게 되었다. 이를 바탕으로 '답'을 찾고 싶었던 주제들에 대해 새로운 독서법을 적용하면서 이를 '비즈니스 문제 해결 독서법'이라고 부르게 되었다.

이 독서법의 핵심은 '목표를 세우는 것'에 있다. 비즈니스는 목표 없이 이루어지지 않는다. 비즈니스 자체가 이윤 추구라는 기본적인 목표를 위해 이루어지기 때문이다. 그래서 '비즈니스 문제 해결 독서법'의 또 다른 이름은 '목표가 이끄는 독서법'이다.

또 하나의 핵심은 '성과와 연결하는 것'에 있다. 비즈니스 관련 독서를 왜 하는가? 성과를 내기 위해서다. 시간과 에너지를 들여서 읽은 책 내용을 성과로 연결하는 특허 출원 중인 나만의 방법이 있다.

비즈니스를 하는 사람들은 반드시 독서를 해야 한다. 요즘같이 빠른 속도로 변화되는 사업 환경 속에서는 더욱 그러하다. 공부하지 않는 경영자는 성장을 기대하기 어려울 것이다. 비즈니스에서의 문제는 자신이 가장 잘 안다. 그 문제를 스스로 해결할 수 있는 방법이 '비즈니스 문제 해결 독서법'이다.

그 외에도 비즈니스가 목적이 아닌 학교, 교회, 병원, 기관, NGO 단체뿐 아니라 중고등학생들, 대학생들에게도 아주 유용하게 활용될 수 있을 것이다. 대학 시절에 취업 후 만나게 될 업무 역량을 미리 책을 통해서 준비할 수 있다면 취업에 상당한 도움이 될 것이다. 대학 시절에 이 독서법을 활용해서 직장 생활에 필요한 업무 역량에 대한 '답'이 담겨 있는 좋은 책을 30권 정도만 읽어 보자. 놀라운 결과를 얻게 될 것이다.

이렇듯 '비즈니스 문제 해결 독서법'은 다양한 분야에서 다양한 목표 달성을 위해서 유용하게 사용될 수 있는 독서 방법이다. 몇 권의 책을 읽었느냐에 초점을 두지 말고, 알고 싶은 주제, 해결하고 싶어 하는 문제의 '답'을 어떻게 찾을지에 관심을 갖고 진행해 보기 바란다.

그리고 하루 20분 독서를 실행해 보자. 오전에 10분, 오후에 10분씩 하루에 20분 독서를 해 보자. 아주 적은 시간이지만 큰 결과를 얻을 수 있을 것이다. 모든 저자의 마음이 그렇겠지만 나 역시 많은 분들이, 그리고 많은 기업들이 이 독서법을 잘 이해하고 습득해서 기업과 개인의 문제 해결과 성장에 도움이 될 수 있기를 진심으로 소망해 본다.

이번 책을 준비하면서 디자인에 교정까지 보며 직접 책을 만드는 데 많은 도움을 주었던 세 딸 예지, 예은, 예신의 수고와 노력에 감사하고, 사랑하는 아내의 기도와 격려에도 감사한다.

그리고 '비즈니스 문제 해결 독서법'의 시작에 가르침과 계기를 주셨던 이랜드 그룹 박성수 회장님께도 감사드린다.

또한 이 책의 모든 결과물은 전적으로 하나님의 은혜로 인한 것임을 고백하며 감사드린다.

God Bless You!

01

읽어도 변화 없는
독서법,
계속해야 할까?

02

단계별로 시행하라!
비즈니스 문제 해결
독서법

03 실전! 목표를 이끄는 독서법의 활용

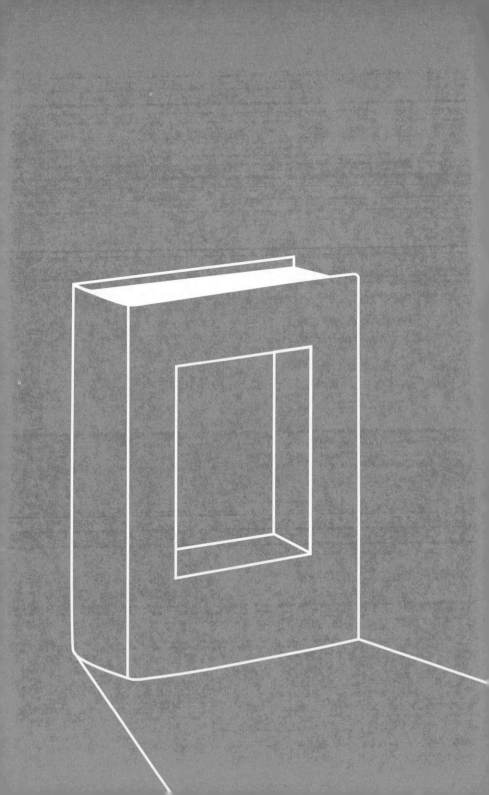

01

읽어도 변화 없는 독서법, 계속해야 할까?

1

책을 읽는데
왜 변화가 없을까?

:: 독서 = 책을 읽는 방법? ::

독서란 말의 한자 의미를 살펴보면 '讀(읽을 독)', '書(글 서)' 두 글자의
조합이다. 결국 한자어 그대로 풀이하면 '책을 읽는 것'이라는 의미이
다. 그런데 과연 독서라는 것이 책 읽기가 전부일까?

독서가 책 읽기가 전부이던 시절이 있었다. 아니, 지금도 책 읽기를
독서의 목적으로 아는 분들이 매우 많은 것이 사실이다. 그런데 지금
세상에는 아주 다양한 독서 방법이 소개되고 있다. 이 책을 준비하면
서 20권 가까이 되는 독서법 관련 책들을 살펴보았는데, 놀랍게도 거
의 대부분의 책들이 '독서법=책을 읽는 방법'으로 소개하고 있었다는
것이다.

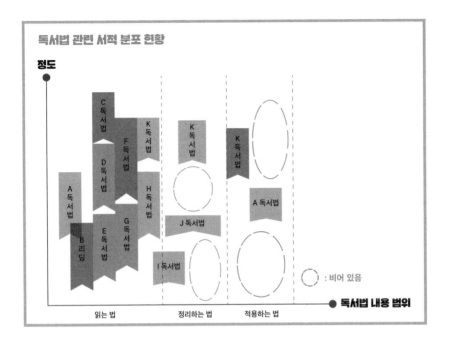

독서법 관련 서적 분포 현황

정도

독서법 내용 범위

읽는 법 / 정리하는 법 / 적용하는 법

: 비어 있음

C 독서법 / F 독서법 / D 독서법 / K 독서법 / K 시법 / K 독서법 / A 독서법 / H 독서법 / J 독서법 / A 독서법 / B 리딩 / E 독서법 / G 독서법 / I 독서법

'책은 어떻게 읽어야 하는가?'

이처럼 독서법과 관련한 대부분의 책들이 책을 읽는 방법에 대해서 소개하거나 자신의 경험을 바탕으로 어떻게 읽었더니 효과가 있었다는 내용을 다루고 있다. 이 책들을 살펴보면서 내가 들어 보지 못했던 여러 종류의 이름이 붙여진 독서법이 있다는 것도 알게 되었다.

그런데 이런 책들의 내용 70~80% 이상이 주로 책을 읽는 방법에 대해서 다루고 있다는 것이다. 내가 모든 독서법에 관한 책을 다 읽은 것이 아니어서 단정적으로 말할 수는 없겠지만, 책을 읽고 정리하는 법이나 책을 읽고 어떻게 적용해야 하는지에 대해서 다룬 책들은 손에 꼽을 정도였다. 게다가 책을 읽고 정리하고 적용하는 내용도 구체적이고 체계적인 방법으로 이루어진 것은 아니었다.

그렇다면 독서는 곧 책 읽기일까? 독서의 모든 관심이 책 읽기에 맞춰지는 것이 당연한 내용일까?

저자의 말은 모두 맞는 말일까?

책을 읽을 때 불문율처럼 독자들의 생각 속에 잠재되어 있는 것이 있다.

'저자의 말은 모두 맞다.'

이러한 생각이 있기에 독자들은 책을 사서 읽게 된다. 그런데 만일, 특히 비즈니스 서적에서 저자의 말이 맞는 것이 아니라면 어떨까? 어설픈 내용의 책인데도 그것을 믿고 자신의 사업과 업무에 적용했을 때 잘못되거나 왜곡된 결과가 나타난다면 어떻게 될 것인가?

책을 읽으면서 두 가지 에러가 존재한다. 하나는 책을 읽은 독자가 책의 내용을 잘못 해석해 잘못된 적용을 하여 원하지 않는 결과가 생기는 '독자의 에러'이고, 또 하나는 저자의 글 내용 자체에 문제가 있어서 그것을 맞는 내용으로 믿고 적용하여 원하지 않은 결과가 나오게 되어 생기는 '저자의 에러'이다.

비즈니스 서적을 읽고 자신의 사업에 적용할 때는 이러한 두 가지 에러를 주의해야 한다. 왜냐하면 그 두 가지 에러에 의해 발생하는 모든 결과에 대한 책임은 독자가 지게 되기 때문이다. 그래서 독서를 할 때는 저자의 말이 무조건 맞을 것이라는 생각을 갖고 책을 읽고 적용하는 것에 주의를 기울여야 한다.

: : 책을 읽어도 변화를 경험할 수 없는 이유 : :

'나는 책을 오랫동안 읽어 왔는데, 그 책을 통해서 내가 변한 것이 무엇일까?'

얼마 전에 지인을 만나 독서에 대한 대화를 하다가 생각하게 된 주제였다. 그런데 지인이 말하길, 독서로 인해서 자신이 변한 것이 별로 없다는 것이었다. 독서 모임에 가 보면 책을 수백 권 읽은 사람을 어렵지 않게 만나 볼 수 있는데, 정작 그것으로 인해 인생이 변하고 성장을 가져온 사례는 그만큼 보기 힘들다. 왜 그럴까?

자신이 변하지 않는 책을 수백 권 읽으면 그것이 무슨 의미가 있을까? 그냥 지식을 쌓거나 얻는 정도에서 그치는 것이 독서라면, 그 많은 시간을 들여서 독서를 하는 것이 과연 필요할까?

책을 읽을 때 읽기 중심의 독서에 대해 『탈무드』에서는 이렇게 말하고 있다.

"책을 많이 읽어도 그저 읽기만 해서는 당나귀가 책을 등에 지고 가는 것이나 다름없다. 당나귀가 아무리 많은 책을 등에 지고 있다고 해도 그것은 당나귀 자신에게는 도움은커녕 짐만 될 뿐이다."

나는 『탈무드』에서 말하는 것에 많은 부분 동의한다. 책은 읽기만 해서는 큰 도움이 되지 않는다. 그러기에 책을 읽기만 해서는 변화를 가져오기가 힘든 것이다. 이것에 대한 이유를 좀 더 자세히 살펴보자.

목표가 비어 있는 '읽기 중심'의 독서법

책을 읽어도 변화를 경험할 수 없는 첫 번째 이유는, 독서가 '읽기 중심'이기 때문일 것이다. 읽는 것을 목표로 책을 읽었다면 책을 읽은 것만으로 목표가 달성된 것이 아닐까? 자신이 책을 읽을 때 목표가 책을 읽는 것이었기에 책을 읽은 것이고 그렇기에 목표가 달성된 것이다. 그래서 변화까지 안 가더라도 목표에는 문제가 없는 것이다. 그 결과 이같이 다른 사람들에게 말하게 되는 것이다.

"나는 올해에 책을 몇 권 읽었어."

만일, 자신의 독서 목표가 책을 읽는 것에만 머무르는 것이 아니라 자신의 삶과 일의 문제를 해결하여 변화를 가져다주는 것을 목표로 독서를 했다면, 과연 책을 읽는 데서 멈출 수 있었을까? 자신의 문제가 해결되지 않았는데 일주일만 지나도 책의 내용이 잘 기억나지 않는데도 책을 읽었다는 사실에 대해서만 그저 만족하는 사람이 있을까?

아마도 그런 사람은 별로 없을 것이다. 결국 책을 읽고 변화가 없는 것은 읽을 때 읽기 이상의 목표를 정하지 않고 책을 읽는 데만 중점을 두었기 때문이다. 즉, 책을 읽고 변화가 없는 것은 책 읽는 목표와 관련이 있다.

그렇다면 책 읽는 목표를 바꾼다면 변화를 기대할 수 있을까? 나는 책 읽는 목표를 바꾼다면 변화를 기대할 수 있다고 생각한다! 왜 그런지는 앞으로 차근차근 얘기해 보도록 하겠다.

왜 읽기에 치중하면 변화가 없을까?

읽기에 치중할 경우 변화가 나타나지 않는 이유는 무엇일까? 그것은 정리를 하지 않거나 소홀히 하기 때문이다. 그렇다면 책 읽기가 중심이 되면 왜 정리를 잘하지 않을까?

첫째는 읽기에 목표를 두어서 읽는 것으로 목표를 달성했기 때문이고, 둘째는 정리를 하는 데 별도의 시간과 노력이 들어가기 때문에 필요성을 그만큼 느끼지 못하기 때문이고, 셋째는 정리하는 것이 쉽지 않기 때문이다.

그리고 가장 중요한 것은 제대로 된 적용을 하지 않기 때문이다. 그렇다면 왜 책 읽기가 중심이 되면 적용을 제대로 하지 않을까? 그것은 다시 정리의 문제로 돌아가게 된다.

즉, 첫째는 처음부터 읽는 것에 초점을 맞추어서 그 목표를 달성했기 때문이고, 둘째는 읽은 내용을 적용할 수 있도록 정리를 해 놓아야 하는데 정리를 해 놓지 않기 때문이다.

깊이 있는 적용을 하기 위해서는 정리가 세부적으로 정확하게 되어 있어야 한다. 다시 말하자면 책 속에서 저자가 말한 내용이 나의 문제 해결에 맞게, 성과를 내기에 알맞은 형태로 정리되어 있어야 하는 것이다. 제대로 된 적용은 책을 읽고 제대로 정리한 내용이 있을 때 비로소 효과적으로 나타난다.

'양질 전환의 법칙'이 독서에 주는 영향

책을 읽어도 큰 변화를 경험할 수 없는 두 번째 이유는, '양질 전환의 법칙'의 영향 때문이다. 그럼 양질 전환의 법칙이란 무엇일까?

'양적인 변화가 축적되면 질적으로 변화한다.'

라는 뜻의 사회 발전 법칙이다. 책을 읽는 사람들의 마음속에는 무의식적으로 '책을 읽는 것은 좋아, 그리고 책을 읽으면 나는 성장할 거야.'라는 생각들이 있다. 심지어는 '책을 많이 읽으면 훌륭한 사람이 될 거야.'라는 생각도 있다.

그런데 '양질 전환의 법칙'은 한 가지 전제를 가지고 있다. 그것은 '양적인 변화가 축적되면'이라는 전제이다. 아무 때나 그 효과(질적인 변화)가 있는 것이 아니라 상당한 양적인 변화가 축적되어야 한다는 것이다.

그렇다면 책을 읽는 사람들이 얼마만큼의 책을 읽어야 '양적인 변화가 축적되면'이라는 전제를 만족시킬 수 있을까? 10권을 읽으면 되는 걸까? 50권이면 될까? 그런데 대부분의 사람들은 10권, 많아야 50권 정도일 텐데 이 법칙이 적용되어 양에서 질로 바뀌는 효과가 나타날 수 있을까?

분명히 책을 1,000권 이상 읽는 사람들에게는 '양질 전환의 법칙'의 영향으로 상당한 변화가 일어난다. 그렇지만 보통 책을 읽거나 많이 읽지 않은 사람들은 어떻게 책 읽기의 효과를 얻을 수 있을까?

책을 읽고 변화가 없는 것은 질적인 변화가 일어날 정도의 양적인 축적이 이루어지지 않았기 때문인데, 보통 사람들은 책을 몇 권 읽지 않았는데도 자신에게 변화가 일어날 것이라는 막연한 기대를 갖고 있다. 그런데도 책을 읽는 방법은 양적인 접근을 통한 질적인 변화를 기대하는 방법 외에는 변화가 없는 것이 현실이다.

:: 독서란 무엇일까? ::

결국 독서란 책 읽기를 넘어서서 책 읽은 것을 정리해서 자기 삶, 사업에 적용하는 것이고, 더 나아가서 콘텐츠, 지식 메이커로까지 나아가는 개념이다. 독서를 책 읽기 중심으로 생각하지 말자.

책 읽기가 우리를 변화시킬 수 있을 때까지는 오랜 시간이 소요된다. 그렇지만 독서에 대한 개념이 바뀌고, 그에 맞는 새로운 접근을 할 수 있다면 독서가 우리의 삶과 사업에 도움이 되는 영역과 시간도 달라질 것이다. 나는 이런 독서법에 관심이 있는 것이다.

그렇다면 독서란 무엇일까? 독서는 책 읽기만이 아니다. 독서는 취미가 아니다. 독서는 그 이상이다!

독서는 문제 해결의 훌륭한 도구이다.
독서는 기업 경영의 핵심 도구이다.
독서는 나의 삶을 업그레이드하는 훌륭한 통로이다.

2

핵심은 책을 읽는 '방법'에 있다

: : 독서에 관한 세 가지 선입견, 그 오해와 진실 : :

우리나라 사람들이 독서와 관련해서 가지고 있는 선입견이 몇 가지 있는데, 그 내용을 살펴보면 대략 아래의 세 가지로 압축된다.

'많이 읽었느냐'가 정말 중요할까?

책을 많이 읽는 것은 우리 인생에 도움이 되는 것은 맞다. 필요하다. 그러나 책을 많이 읽는다고 해서 반드시 우리가 성장하고 변화되는 것은 아니다. 우리의 성장과 변화는 양적인 것을 통해서 오기도 하지만, 방법이 그 한 가지만 있는 것이 아니다.

더구나 비즈니스에서는 양을 추구하는 전략이 그다지 환영받지 못하는 경우가 많은 것이 사실이다. 비즈니스에서는 성과에 대한 결과를 알 수 없는 일에 투자하는 것에는 인색한 편이다. 내 시간의 투자와 성과가 비례될 때 환영받을 수 있다.

그래서 비즈니스 독서에서는 양을 통해 질을 변화시키는 방법보다는 질적인 새로운 접근을 통해서 성과와 연결하는 방법이 더 중요하다. 그렇지만 이것은 희망 사항일 뿐, 현재까지의 비즈니스 관련 독서도 기존의 읽기 중심, 즉 양을 통해 질의 변화를 만들어 내는 방법이 주를 이뤄 왔고, 독서의 질을 통한 방법은 활성화되지 않았었다.

'빨리 읽는 것'이 그렇게 중요할까?

속독이 많은 사람들의 로망인 적이 있었다. 요즘도 그렇다. 속독은 분명히 장점이 있는 독서법이다. 그런데 비즈니스 관련 도서를 빨리 읽는다고 해서 그 내용을 빨리 이해할 수 있고, 특히 적용에도 효과적일까? 책을 빨리 읽는 것이 비즈니스의 성과와 비례하는 것일까?

창업을 해서 망하지 않는 방법은 빨리 창업하는 것이 아니라 제대로 창업하는 것이다. 사업에서 성과가 나는 것은 뭔가를 빨리 진행했을 때가 아니라, 뭔가를 시간이 걸리더라도 제대로 진행했을 때 가능한 것이다.

결국 성과를 내고자 할 때 가장 중요한 것은 빨리 가는 것보다 제대로 가는 것이다. 그래서 비즈니스 독서를 통해 성과를 내려고 할 때는 빨리 읽으려 하는 것보다 제대로 읽는 것이 필요하다.

'처음부터 끝까지 읽는 것'이 정말 중요할까?

'책은 처음부터 끝까지 읽어야 한 권의 독서를 한 것이다.'

이 말은 오랫동안 많은 사람들의 마음속에 있어 왔던 독서와 관련한 불문율이었다. 나도 오랫동안 그렇게 알아 왔었다.

그런데 30여 년 전부터 책을 읽을 때 처음부터 끝까지 다 읽는 것이 아니라 필요한 부분만 읽었다. 그래서 사람들이 "그 책 읽어 봤어요?" 하고 물어보면 선뜻 "그 책을 읽어 봤다."라고 대답을 하지 못했었다. 왜냐하면 처음부터 끝까지 읽은 것이 아니라 내게 필요한 부분만 읽었기 때문이었다.

몇 년 전까지만 해도 책을 처음부터 끝까지 다 읽지 않은 것에 대해 마음속으로 찜찜해했던 것도 사실이다. 그 정도로 '책을 처음부터 끝까지 읽어야 한다.'는 것은 독서에 있어서 아주 영향력이 강했던 불문율이었다. 그런데 책을 오랫동안 읽어 오면서 많은 경우 책의 서론 부분에 해당되는 내용은 대부분 책의 도입 부분으로 문제점, 현황, 개념 정의 등으로 구성되어 있어서 그 부분에 대해 기초적인 지식이 있는 분야의 내용이라면 굳이 읽지 않아도 되는 부분이 많았었다. 이러한 부분이 적어도 책 전체의 10~20% 정도는 차지하고 있었다.

내가 이번에 독서법과 관련한 출판을 준비하면서 여러 권의 독서법 관련 책을 사 보았는데, 도입 부분의 내용은 약간의 차이만 있을 뿐 대동소이하였다. 그러자 이런 생각이 들었다.

'이렇게 비슷한 내용을, 그리고 말 그대로 본론을 얘기하기 위해 도입하는 서론 부분을 굳이 처음부터 끝까지 정독을 할 필요가 있을까?'

비즈니스 독서와 관련해서는 더욱 이 현상이 뚜렷하다. 저자가 썼다고 해서 나의 비즈니스 성과에 도움이 되지 않는 내용까지 내가 정말 모두 다 읽어야 할 필요가 있을까? 어떤 저자이든 저자가 쓴 것이라면 모든 내용이 의미 있고 꼭 읽어 봐야 할 만한 내용일까?

어떤 사람과 바쁜 시간을 쪼개서 비즈니스 관련 미팅을 하는데, 서론-본론-결론을 세세히 듣는 것이 과연 효율적인 방법일까? 결론을 먼저 듣고 필요하면 나머지를 들어도 그 비즈니스 관련 미팅은 목적을 달성할 수 있지 않을까?

: : 이제는 독서의 의미와 중요성이 달라져야 한다 : :

책 읽기 중심의 독서는 이미 한계에 와 있다. 특히 비즈니스 분야에서의 '읽기 중심'의 독서는 변화를 만들어 내지 못하고 성과에까지 이르지 못하게 한다. 이러한 독서에 대한 접근 방법을 보다 효율성 있게 바꾸는 것이 필요하다.

그리고 세상이 변화하는 속도가 엄청 빠르다. 그리고 그 변화는 양적인 것만이 아니라 질적으로도 크다. 과거에는 없었던 크기와 깊이로 다가오는, 아니 현재 진행되고 있는 변화이다. 이 변화가 비즈니스에 끼치는 영향 또한 지대하다.

또한 컴퓨터, 로봇, A.I의 등장은 인간의 지식 습득의 통로와 도구에 상당 부분 변화를 가져다줄 것이다. 거꾸로 말하면, 이제 지식 습득의 도구로서 독서의 역할은 한계에 다다른 것이고, 이 역할은 컴퓨터, 로봇, A.I가 더 잘하는 시대가 온 것이다.

그러면 우리는 이렇게 다가오는 새로운 변화에 어떻게 대처해야 할까? 우리가 할 일은 두 가지이다. 한 가지는 컴퓨터, 로봇, A.I를 잘 사용할 수 있는 역량을 갖추는 것이고, 둘째는 컴퓨터, 로봇, A.I가 할 수 없는 영역의 일을 할 수 있는 역량을 갖추는 것이다.

비즈니스 독서, 지식 습득이 아닌 '생존'의 도구로

그렇다면 이런 역량을 키우는 일을 어떻게 할 것인가? 이 두 가지 역량을 키우는 일 속에 공통점이 하나 있다. 그것은 바로 독서이다! 독서를 통해 이 두 가지를 준비할 수 있다.

특히 비즈니스 독서는 더 이상 지식 습득의 도구만이 아니라 '생존의 도구'이다. 더 나아가서 독서는 미래의 변화를 생각할 때, 새로운 사업 기회를 만들어 내는 도구가 될 수도 있는 것이다.

그러므로 이제 독서를 기존과는 '다른 개념'으로 이해해야 하고, 독서가 '생존의 도구'이자 '기회 창출의 도구'가 되기 때문에 더욱 적극적으로 인생에서 우선순위가 매우 높은 대상으로 인식이 바뀌어야 할 것이다. 또한 독서하는 방법도 읽기 중심에서 벗어나 변화를 시도해야 할 것이다.

개인적으로 독서를 하는 데에는 5단계가 있다고 생각한다.

1단계: 그냥 책을 읽는 것(Reading)
2단계: 읽은 책을 통해서 지식을 활용할 수 있도록 정리하는 것
    (Arrangement)
3단계: 습득한 지식을 적용하는 것(Application)
4단계: 정리된 지식을 적용해서 성과를 만들어 내는 것
    (Performance Makers)
5단계: 습득한 지식을 모아서 새로운 지식을 생산해 내는 것
    (Contents Makers)

4차 산업혁명 시대의 독서, 콘텐츠 메이커로

독서의 이런 단계를 볼 때, 책을 읽는 데 초점을 맞추거나 책을 통해 지식을 습득하는 것에 중점을 두는 독서법의 시대는 지나갔다. 이런 일은 앞으로 컴퓨터나 A.I가 더 잘할 것이다.

이제는 책을 읽고 지식을 얻을 뿐 아니라 그 지식을 가공하여 새로운 지식으로 만들어 낼 수 있어야 한다. 다시 말하면 이제까지 독자는 책을 읽는 사람, 지식을 습득하는 사람이었다면 이제부터는 지식을 습득하여 새로운 것을 만들어 내는 지식 메이커, 콘텐츠 메이커가 되어야 한다.

이와 같은 지식 메이커, 콘텐츠 메이커가 4차 산업혁명 시대에 필요한 것이다. 산업이 발전할수록 단순 기술의 가치는 하락하고, 지식의 가치가 상승하는 추세는 더 두드러질 것이다.

앞으로 지식의 가치는 더욱 높아질 것이다. 이에 따라 지식 메이커, 콘텐츠 메이커가 되는 것의 가치도 더 커질 것이다. 이러한 지식 메이커, 콘텐츠 메이커가 되는 데 가장 기본적이고 기초적인 방법이 바로 독서이다. 그리고 거기에 반드시 필요한 역량이 독서 역량이다.

또한 그동안은 독서가 성과를 만들어 내는 직접적인 도구라는 인식은 거의 되어 있지 않고 보조적인 개념으로만 인식되어 있었는데, 이제는 독서를 통해 성과를 낼 수 있는 방법도 열릴 것이다.

이렇게 되면, 예전에는 돈을 주고 책을 사서 읽음으로써 지식을 얻는 '지출'의 개념이 강했다면, 문제 해결 독서법은 나만의 콘텐츠를 만들어서(생산) 판매도 하는 '수입'의 성격이 발생하거나 강해질 것이다.

독서를 성과를 만들어 내는 성과 메이커, 지식 메이커, 콘텐츠 메이커로 활용할 수 있게 되면, 그 사람은 미래의 경쟁 상황에서 상당히 유리하고 독자적이며 차별화된 경쟁우위를 확보하는 좋은 도구를 보유하는 셈이다.

: : 독서의 전제를 바꾸면 변화가 가능하다 : :

과거의 지식 사회에서는 독서를 하면 지식을 얻게 됨으로써 인생이 변할 수 있는 기회를 얻을 수 있었다. 이때의 전제 조건은, 독서를 지식을 습득하는 목적으로 했을 때 가능한 것이었다. 그때 만일 읽은 책의 내용을 정리해서 지식을 습득하는 과정을 거치지 않고 책을 읽는 활동만 했다면 인생이 변화하는 계기를 얻을 수 있었을까?

지금은 더더욱 책을 읽는 것만으로는 인생이 변하기 어렵다. 왜냐하면 A.I가 더 잘하기 때문이다. 지식이 필요하면 내 옆에 A.I 스피커를 놓고서 물어본다든지 스마트폰에 물어보는 것이 빠를 것이다.

이제 독서를 통해서 지식을 얻으려는 시절은 지나갔다. 이제는 독서를 통해 인생의 변화를 가져올 만한 내용을 스스로 찾아내서 만들어 내는 작업을 해야만 한다. 이러한 새로운 지식 메이킹, 콘텐츠 메이킹은 A.I가 할 수 없고 오직 인간만이 할 수 있기 때문이다.

독서가 인생을 바꿀 수 있을까?

독서가 인생을 바꿀 수 있을까? 독서의 전제가 읽기에서 콘텐츠 메이킹으로 바뀔 때는 가능할 것이다. 더 나아가 독서의 전제가 성과 메이킹이 된다면 더 큰 변화를 가져올 수 있을 것이다.

이 책은 변화를 일으키는 독서법에 관한 것이다. 일반적으로 독서법이라는 이름으로 언급되고 있는 '어떻게 읽을 것인가?'에 대한 책이 아니다. 이 책은 새로운 독서법을 제안한다.

첫째, 목표를 정하고 그 목표를 달성하기 위해 책을 어떻게 읽을 것인지에 대해 다룬다.

둘째, 비즈니스에 관한 책을 어떻게 읽을 것인지에 대한 책이다.

셋째, 여러 권의 책을 빨리 읽는 데 목표를 둔 것이 아니라 한 권의 책이라도 제대로 읽는 것에 목표를 두었다.

넷째, 책을 읽는 데 중점을 둔 것이 아니라 정리하고 적용하는 데 중점을 둔 책이다.

다섯째, 책을 읽고 정리해서 적용을 하는데, 그 적용이 성과와 연결될 수 있게 하는 책이다. 그 적용이 단순히 '~하겠다'라는 데 그치는 게 아니라, 성과를 내는 전체 요소의 어느 부분에 적용해서 구체적인 비즈니스 성과와 연결하는 것을 목표로 한다.

여섯째, 독서를 통해서 새로운 지식과 콘텐츠를 만들어 낼 수 있도록 돕는다.

비즈니스 분야에 변화를 이끄는 책

간단히 말하자면, '이 책은 책을 읽는 것에 초점을 맞춘 것이 아니라 책을 읽고 정리해서 비즈니스 문제를 해결하고 성과와 연결되도록 적용하는 데 초점을 맞추며 새로운 지식, 콘텐츠를 만들어 낼 수 있게 도와주는 책'이라고 할 수 있다.

내가 제안하는 독서 방법은 모든 분야의 책이 아닌 비즈니스에 관한 책에 대한 독서이고, 독서 적용을 비즈니스 성과와 연결하게 만드는 독서법이며 비즈니스의 여러 문제들을 해결하는 데 구체적으로 도움을 주기에 '비즈니스 문제 해결 독서법'이라고 부른다.

또한, 비즈니스 이외의 분야, 예를 들면 학교나 단체, 기관이나 교회와 같은 곳에서 목표를 가지고 책을 읽음으로써 문제를 해결하고 새로운 기회를 찾아낼 수 있게 도움을 주는 독서법이기에 '목표가 이끄는 독서법'이라고도 한다.

3

비즈니스
전문 독서법을 찾다

: : 비즈니스 전문 독서법은 없을까? : :

앞에서 독서의 문제점과 독서란 무엇인지에 대해서 살펴보았다면, 여기서는 본격적으로 일반 독서가 아닌 비즈니스 독서에 대해서 알아보도록 하자.

비즈니스는 목표가 분명한 활동이다. 따라서 비즈니스와 관련된 독서도 목표가 분명해야 한다. 그리고 성과를 내지 못하는 비즈니스는 아무런 의미가 없다. 따라서 비즈니스 관련 독서를 할 때도 성과와 연결되지 않는 독서는 아무 의미가 없다.

문학과 비즈니스 서적, 같은 방법으로 독서해도 될까?

사업은 왜 하는 것일까? 성과를 내기 위해서일 것이다.

그렇다면 비즈니스에 관한 책은 왜 읽는 것일까? 비즈니스를 하는 사람 중에 비즈니스 관련 책을 취미 정도로 읽는 사람이 과연 몇이나 될까? 결국 비즈니스를 하는 사람이 비즈니스 관련 책을 읽는 이유는 성과를 얻는 데 도움이 되고 싶어서이다.

한편, 문학은 왜 하는 것일까? 문학을 성과를 내기 위해서 하는 사람이 얼마나 있을까?

이렇게 서로 상반되는 특성을 가진 책을 같은 목적, 같은 방법으로 독서를 하는 것이 과연 맞는 것일까?

바쁜 비즈니스인들을 위한 독서법은 없을까?

앞에서 읽기 위주의 독서가 가지는 문제점과 한계를 살펴보았다. 그렇다고 읽기 위주의 독서가 모두 나쁘다는 것은 아니다. 하지만 비즈니스를 목적으로 독서를 할 때 읽기 중심으로 하는 것은 한계가 있음은 분명하다. 비즈니스 목표에 도움이 되는 정리와 적용이 없어서는 성과를 내는 데 도움을 주지 못하기 때문이다.

또한 앞에서 책 읽기와 관련해서 '양질 전환의 법칙'에 대해서 알아보았다. 정보의 양이 찼을 때 질로 전환된다는 의미이다. 그렇다면 모든 책 읽기가 양이 차서 넘칠 때까지 계속 읽기만을 반복해야 하는 것일까? 과연 몇 권을 읽어야 양에서 질로 전환되는 것일까?

비즈니스를 하는 사람들은 정말 바빠서 많은 책을 읽는 것이 힘들 수 있다. 그런 사람들은 책을 통해서는 성과를 내는 데 도움을 받을 길은 없는 걸까? 책을 많이 읽지 않아도, 심지어 한 권만 읽어도 효과를 볼 수 있는 독서법을 기대하는 것은 무리일까?

: : 독서를 시작할 때 필요한 두 가지 선택 : :

독서를 시작할 때는 두 가지 선택이 필요하다. 하나는, 책을 처음부터 끝까지 읽을 것인가, 아니면 필요한 부분만 골라서 읽을 것인가 하는 것이다. 둘째는, 전적으로 저자가 말하는 내용에 동의하며 저자의 의견을 수용하는 '저자 중심의 독서'를 할지, 아니면 자신의 입장에서 저자가 하는 말이 적합하며 실제로 효과가 있을지에 대해 질문을 하며 저자의 말이 무조건 맞는 말은 아닐 수 있다고 생각하며 읽는 '독자 중심의 독서'를 할지를 선택하는 것이다.

처음부터 끝까지 독서 VS 필요한 부분만 독서

우선, 책을 처음부터 끝까지 읽을 것인지 아니면 필요한 부분만 골라서 읽을 것인지에 대해서 살펴보도록 하자.

책을 처음부터 끝까지 읽는 것은 독서의 기본적인 관습과 같다. 이 것을 비즈니스에 적용해 보면 비즈니스와 관련된 이야기를 할 때, 처음부터 끝까지 이야기하는 방법만이 명확한 의사 전달의 수단이며 효과를 볼 수 있는 유일한 방법이라고 하는 것과 같다. 과연 그럴까?

대통령이나 대기업의 회장과 사장들은 어떻게 그 많은 일들을 처음부터 끝까지 얘기하는 방법을 거치지 않고 5분, 10분의 시간을 쪼개 쓰면서 의사소통을 하고 의사 결정을 하는 것이 가능할까? 5분, 10분을 쪼개서 미팅을 해도 의사소통과 의사 결정이 가능하기 때문이다.

결국 시간을 5분, 10분 단위로 쪼개서 사용한다는 것은 의사소통을 필요한 것 중심으로 또는 결론 중심으로 한다는 의미이다. 이쯤에서 우리는 이러한 정당한 의문을 가질 필요가 있다.

'왜 비즈니스 미팅에서도 하지 않는 방법을 책을 읽는 데서는 해야 하는 걸까?'

필요한 말과 결론 중심으로 말하는 방법을 일하는 데만 적용하고, 정작 책을 읽을 때는 서론-본론-결론의 과정을 거쳐 모든 내용을 처음부터 끝까지 모두 읽는다. 과연 독서를 할 때 처음부터 끝까지 모두 읽는 것이 꼭 필요한 과정일까?

저자 중심의 독서 VS 독자 중심의 독서

둘째는, '저자 중심의 독서'와 '독자 중심의 독서'에 대한 것이다.

먼저는 '저자 중심의 독서'에 관한 것이다. 나는 오랫동안 '저자의 말은 무조건 맞다'라는 전제를 가지고 독서를 했었다. 그리고 '과연 저자의 말은 모두 맞는 말일까?'라는 의문을 한 번도 가져 본 적이 없었다.

그런데 경영 현장의 문제를 가지고 해답과 돌파구를 찾기 위해 책을 보면서 저자의 말이 모두 맞는 것은 아니라는 것을 알게 되었다. 그리고 내가 직접 저자가 되어서 책을 집필하는 과정 중에 보았던 책 중에는 '아니, 어떻게 이런 내용을 이렇게 썼지?' 할 정도의 잘못된 내용을 기술한 책도 보았다. 그래서 '저자의 생각과 말이 모두 맞다'는 전제를 가지고 독서하는 것은 위험할 수 있음을 깨달았다.

그리고 또 하나는 '독자 중심의 독서'이다. 이것은 독자의 입장에서 저자가 말하는 내용에 대해 '왜? 정말?'이라는 질문을 하며 그 내용을 확인하고 질문하면서 읽는 독서를 말한다. 그리고 책을 읽으면서 자신의 상황을 계속 생각하며 독서를 통해 얻은 내용이 자신의 상황이나 문제에 적합할지를 생각하면서 이해하고 적용하는 독서이다.

비즈니스 독서가 갖는 차별점

만일 필요한 부분만 읽거나 저자에 대한 의문을 품으며 진행하는 독자 중심의 독서법을, 문학이나 예술과 같은 책을 읽을 때 적용한다면 상당히 이상할 것이다. 반면에 비즈니스와 관련된 책을 읽을 때는 상당한 도움을 받을 수 있겠다. 이것이 비즈니스 독서와 일반 독서의 중요한 차이점이다.

비즈니스 관련 독서에서는 처음부터 끝까지 모두 다 읽는 것이 아니라, 목표에 맞게 필요한 부분만 보고 읽어도 원하는 목표 내용을 얻을 수 있다는 것이다.

그리고 저자가 말하는 것이 모두 맞는다고 생각할 게 아니라, 저자의 말에 '왜?'라고 질문을 하면서 저자가 말하는 내용을 자신의 상황에 대입하여야 한다.

'정말 나의 상황에서 성과를 낼 수 있을까?'

즉, '저자 중심'의 독서가 아니라 자신의 상황을 검토하며 자신의 생각을 정리해서 적용하는 '독자 중심'의 독서가 더 유용할 수 있다는 것이다.

이와 같이 생각해 볼 때 기존의 독서 방법과 다른, 비즈니스에 맞는 전문적인 독서법이 필요하다.

: : 비즈니스 문제 해결 독서법이란? : :

'비즈니스와 관련된 책을 읽을 때 적용하면 유용한 독서법이며, 비
즈니스의 문제를 해결하고 비즈니스 목표를 달성하기 위해서 적용하
는 독서법'

이 독서법은 시, 소설과 같은 문학 서적을 읽는 경우보다는 비즈니
스 서적을 읽을 때 적용되는 독서법이다. 비즈니스의 매출과 수익을
목적으로 필요한 목표를 달성하고자 할 때 적용되는 특화된 독서법이
라 할 수 있다.

그러기에 비즈니스 문제 해결 독서법에서는 독서를 하기 전에 반드
시 목표를 정해야 한다. 다시 말하면, 비즈니스의 궁극적인 목적을 달
성하기 위해 상황마다 필요한 목표를 달성하고자 할 때 적용하는 독
서법이다. 즉, 목적과 목표가 있는 독서법이다.

비즈니스를 그냥 하는 사람은 거의 없을 것이다. 비즈니스를 하는
과정에서 수없이 많은 어려움과 대가를 치르게 될 텐데, 그것을 그냥
한다는 것은 찾아보기 힘들 것이다. 비즈니스가 목적을 가지고 하는
것인 만큼 책도 그냥 읽어서는 안 되고 목적과 목표를 가지고 읽어야
한다.

그러나 비즈니스 관련 독서는 이렇게 목적과 목표 지향성이 분명한
데, 현실적으로는 기존의 시나 소설 같은 목적 및 목표 지향성이 불분
명한 문학 서적과 같은 방법으로 독서를 해 왔다. 이렇게 성격이 서로

다른 책을 같은 방법으로 독서한다면 원하는 결과를 얻을 수 없으므로 각각의 성격에 맞게 독서하는 것이 필요하다.

이런 관점에서 비즈니스에 관한 독서는 기타 문학 서적 등과는 그 방법이 달라야 하고, 그 목표도 달라야 할 것이라는 점에서 기존의 독서법과 다른 비즈니스 독서법이 필요하다는 결론을 도출할 수 있다.

읽기만 하는 가짜 독서는 끝났다!

이런 점에서 비즈니스 문제 해결 독서법은 감동이나 교양, 지식을 습득하기 위해서 하는 것이 아니라 비즈니스의 성과를 위해서 분명한 목표를 가지고 진행하는 독서법이다.

좀 더 구체적으로 말하자면, 비즈니스 관련 독서를 할 때 독서를 통해 비즈니스 목표와 연관된 내용을 찾아서 내 일과 사업의 성과에 도움이 되도록 성과 프로세스에 독서 내용을 대입하는 것이다. 독서를 통해 얻은 내용이 정확히 전체 성과 요소의 어느 부분에 관한 내용인지를 파악하고 그 부분에 정확히 적용하여 성과를 만들어 내는 독서 방법을 의미한다.

예를 들면, 매출을 올리는 것이 목표라고 가정해 보자. 매출을 올리는 여러 방법 중에서, 자사 상품과 브랜드에 관심이 있는 '고객을 찾아내어 연결해서 매출을 올리는 방법'에 대해 관심이 있다면, 그 주제와 관련된 책을 여러 권 검토하는 것이다. 그렇게 독서를 통해 내가 알고 싶은 목표와 내용에 맞는 콘텐츠를 찾아내어 알고 싶은 목표 내용에 맞게 정리하고 적용하여 매출(성과)을 올릴 수 있게 활용하는 독서법을 말한다.

즉, 독서 목표를 설정한 후에 찾고 싶은 내용을 찾아서 성과 프로세스에 독서 내용을 대입하여 목표에 맞게 정확한 적용을 함으로써 성과 창출에 도움을 주는 독서 방법을 뜻한다.

읽기만 하는 독서는 끝났다!
성과와 연결되는 정리와 적용이 필요하다!
더 나아가 성과를 만들어 내는 독서를 하라!
읽기만 하는 가짜 독서는 끝났다!
성과를 만드는 진짜 독서를 하라!

: : 로이드를 국내 시계 1위 브랜드로 만든 비결 : :

1990년, 현재 국내 1위를 하고 있는 시계 주얼리 전문 브랜드인 '로이드'의 본부장으로 브랜드를 론칭하고 시행착오를 거치고 있던 시절에, 과로로 인해 회사에 출근하지 못하고 집에서 앓은 적이 있었다.

그때 몸도 힘들었지만 브랜드 론칭 후에 성공하지 못하고 계속해서 적자를 내고 있는 상황이어서 어떻게 해야 이것을 돌파해서 흑자로 전환시킬 수 있을지에 대해서 많은 고민을 하고 있을 때였다.

우연히 읽은 책으로 로이드 전성시대를 열다

그러던 중에 집에 있던 『리더 기업 흥망의 조건』이라는 책을 우연히 읽게 되었다. 그렇게 내용이 좋은 것은 아니었지만, 이 책을 통해서 내가 몰랐었던 내용을 한 가지 알게 되었다.

'시장에 있는 기업을 전체적으로 구분해 보면 4가지로 나눌 수 있는데, 첫 번째는 그 시장의 1위 기업인 리더(Leader)가 있고, 두 번째로는 그 시장에서 1위인 리더에게 도전하는 챌린저(Challenger)가 있으며, 세 번째로는 리더를 모방해서 살아가는 팔로워(Follower), 마지막으로는 틈새시장을 찾아서 활동하는 니처(Nicher)가 있다.'

이 책을 읽고 나서 그 책의 내용을 내가 책임지고 있던 로이드에 적용해 보았다. 로이드는 그때까지 메인 전략으로 차별화 전략을 쓰고 있었는데, 그 책에서 차별화 전략은 2위 그룹인 챌린저가 쓰는 전략이라는 점을 알게 되었다.

그런데 로이드는 그 당시 시장 전체에서 점유율이 1% 정도밖에 안되는 작은 기업이었기에 마음은 챌린저였어도 현실은 2위 그룹인 챌린저에는 한참 미치지 못하는 상황이었고, 그렇다고 리더를 모방하는 것을 메인으로 하는 모방자인 팔로워(Follower)는 더더욱 아니었다. 그렇다면 남는 것이 니처(Nicher) 하나뿐인데, 로이드가 니처인지에 대해서는 쉽게 동의할 수 없었다. 왜냐하면 로이드는 시계 시장 1위를 목표로 하고 있었기 때문이었다.

한 달 정도를 이 문제로 고민하며 시장을 다시 검토하게 되었고, 결론은 로이드는 시장 1위를 꿈꾸는 브랜드이지만 그 당시 현실은 니처에 불과한 시장 점유율을 가지고 있었고, 여러 상황이 니처에 적합한 현실임을 알고 인정하게 되었다.

그 후, 로이드는 메인 전략을 차별화 전략에서 니처 전략, 즉 틈새 전략으로 바꾸게 되었다. 그 결과 '스포츠 시계'라는 새로운 영역(Category)을 찾아내게 되었으며, 스포츠 시계 1개 모델을 기획 생산해서 판매하게 되었다. 그 시계가 1개의 모델, 단일 상품으로 10만 개 이상이 팔리는 놀라운 결과를 얻게 되어 이른바 '로이드 전성 시대'를 여는 계기가 되었고, 결국에는 시계 시장 전체 1위를 차지하게 되었다.

문제점을 찾아 시장 전략을 바꾸기까지

그때의 상황을 정리해 보면, 『리더 기업 흥망의 조건』이라는 책을 읽은 후, 그 책의 내용에서 로이드는 챌린저가 아니라 니처라는 사실을 알게 되었고, 그 사실을 통해서 로이드의 문제는 1) 포지셔닝에 문제가 있었고 2) 메인 전략이 잘못되었다는 것을 알게 되었다.

책을 통해 찾아낸 문제점에 대해서 막연하게 적용한 것이 아니라, 문제가 정확히 포지셔닝과 메인 전략에 문제가 있다는 것을 알아내어 그 적용도 성과 요소 중에서 전략에 문제가 있음을 알고 성과 요소인 전략 부분을 수정하였다. 성과 프로세스에 관해서는 전체 성과 프로세스 단계 중에서 포지셔닝과 메인 전략을 수정하는 계획을 세우게 되었으며, 그것이 올바르게 실행되어 커다란 성과를 만들어 낼 수 있었다.

비즈니스 관련 책을 통해서 그 당시 비즈니스의 문제점이 어떤 성과 요소와 전체 성과 프로세스상에서 어디에 있는지를 찾아내어 정확하게 전체 프로세스 중에서 포지셔닝과 메인 전략 부분에 적용하여 성과를 올린 것이다.

비즈니스 책을 통하여 내 문제를 찾아보는 접근을 하였으니 비즈니스 문제 해결 독서법을 적용한 것이고, 그렇게 찾아낸 내용을 문제 해결과 연결하고 성과가 나올 수 있는 부분에 적용하여 실제 성과를 발생시키는 것과 연결하여 성공시킨 것이다.

: : 비즈니스 문제 해결 독서법이 가져온 변화 : :

내가 비즈니스 문제 해결 독서를 하게 된 것은 '로이드'라는 시계 주얼리 전문 브랜드 본부장을 29세의 어린 나이에 맡게 되면서부터였다. 신규 브랜드의 책임자가 되고 사업을 성공시켜야 하는 위치가 되었는데, 나의 경험과 지식은 부족하기만 할 때였다.

그때는 정말 지푸라기라도 잡는 심정으로 독서를 했다. 그런데 그 나이에 그 경험으로 사업에 대한 이해를 하기에는 한계가 있어서 책을 소화하는 데도 한계가 있었다. 그리고 그때 내 독서법을 생각해 보면 지금도 낯이 뜨거울 정도이다. 인상 깊게 보거나 깨달은 것이 있으면 업무에 바로 적용했었던 것이다.

그런데 유감스럽게도 사업 경험이 쌓여 가면서 그때의 나의 독서 적용이 얼마나 주관적이고 즉흥적이었는지 돌아보며 한참 부끄러워했었다. 아마도 그때의 나의 비즈니스 독서 적용의 부정확성으로 인한 부작용에 대한 경험이 지금 이 책을 쓰게 하는 큰 요인이 되었던 것 같다.

나의 부정확한 이해에 바탕을 둔 적용과 주관적인 깨달음에 의한 적용, 전체 조직의 역량과 상황을 고려하지 않은 적용 때문에 고생했던 그 당시 직원들에게 정말 미안한 마음이다.

독서는 내게 많은 것을 가져다주었다. 처음에 그렇게 어설프게 시작되었던 독서는 그 양이 많아지고 경영자로서 여러 상황을 만나며 부닥친 문제 상황을 해결해야 할 때 적용 및 연결을 통해 많은 도움이 되었다. 그렇게 세월이 흐르면서 독서는 내 인생에 많은 것들을 선물로 가져다주었다.

여기서는 내 인생에 독서를 통해 일어났던 여러 가지 변화를 사례와 함께 설명하도록 하겠다. 자신을 사례로 드는 것이 자랑 같아 생략할까도 고민해 봤지만, 그것보다는 나에게 일어났던 일이 이 책을 읽는 독자들에게도 일어날 수 있음을 알려 주는 기회가 될 뿐만 아니라 실제로 겪은 이 독서법의 효과에 대한 사례가 신뢰성을 높여 줄 것으로 생각되어 약간은 길게 설명하게 되었음에 양해를 구한다.

제2의 인생을 준비할 수 있게 해 주다

나의 첫 번째 인생은 기업의 경영자로 살아가는 것이었다. 경영자로서의 삶의 근본 지향점은 성과를 내는 것이었다. 성과를 내야 경영자로서의 위치를 지킬 수 있었고, 자부심과 기쁨을 느낄 수 있었다.

그러나 성과를 여러 번 내 보고 목표를 이루기도 했지만 그 기쁨은 그리 오래가지 않았다. 그래서 나는 마음 깊은 곳에서 세상 사람들이 보기에 근사한 경영자의 삶이 아니더라도 뭔가 그 이상의 삶의 의미를 추구하는 삶을 살고 싶었다. 그러나 내게는 그런 삶을 추구할 수 있는 준비가 되어 있지 않고 우선 나 스스로가 정리되어 있지 않았다.

그런 시간 속에서 10년 이상의 시간을 가지며 두 번째 인생에 대한 꿈을 꾸고 찾아가게 되었는데, 그때 가야 할 방향을 찾게 도와준 것이 독서였다. 내가 모르는 세계에 대해, 내 마음속에 생기는 인생의 많은 질문에 대해 책은 나와 함께하였고 그 책을 통하여 나는 저자들과 만나 대화하고 정리하며 내 마음의 갈증에 대한 답을 찾아가게 되었다.

그리고 그 결과로 지금은 경영자의 삶을 뛰어넘어 새롭게 시도하여 얻게 된 두 번째 인생을 나름대로 성공적으로 살아가고 있다고 생각한다.

내가 하고 싶은 일을 하게 해 주다

나는 직업을 갖고 일을 하면서 일을 잘한다는 평가와 함께 경영자로서도 좋은 성과를 낼 수 있었다. 그러나 그것만으로 나는 행복하지 않았다. 나는 성과를 낸 후에 찾아왔던 공허감을 기억한다. 나는 내 인생에서 잘한 일도 중요했지만 내가 좋아하고 특히 나의 삶이 의미 있기를 원했다. 그래서 그 길은 그때까지의 길과는 달라야 했다. 그리고 그 길은 내게 낯선 길이고 새로 시작하는 길이기도 했다.

문제는 내가 그 길을 가기에는 준비가 되어 있지 않았다는 것이다. 내가 하고 싶은 일을 할 때 가정의 재정을 책임져야 하는 가장으로서의 책임도 문제였지만, 내가 하고 싶은 일에서의 부족한 전문성은 더 큰 문제였다.

그런데 내가 하고 싶은 일을 하고자 할 때의 이러한 문제점을 극복할 수 있게 해 준 통로가 비즈니스 문제 해결 독서법이었다. 나는 그때까지 해 왔던 나의 경험과 지식 위에 독서를 통해서 이론적인 보강을 바탕으로 새로운 콘텐츠를 개발하게 됨으로써 전문성도 높이고 그것을 바탕으로 경제적인 수익도 올릴 수 있었다.

책 3권의 저자가 되게 해 주다

내가 대학을 졸업할 즈음에 노트에 내 평생에 이루고 싶은 꿈을 적어 본 적이 있었다. 그중 하나가 책의 저자가 되는 것이었다.

내가 처음으로 쓴 책이 『CEO 돌파 마케팅』이었다. 이 책을 쓰는 데 5년 4개월이 걸렸다. 마케팅 책이고 나는 전공자가 아니었기에 출간 후 문제가 되지 않도록 관련 서적을 꽤 많이 읽으면서 준비하다 보니 시간이 많이 걸렸는데, 결국 이 책은 마케팅 관련 서적들을 독서를 통하여 소화하고 그동안 나의 현장 경험을 바탕으로 나만의 콘텐츠를 만들어 낸 것이다. 그 후로 나는 비슷한 과정을 통해 2권의 책을 더 저술했고 이 책이 4번째이다. 결국 비즈니스 문제 해결 독서법이 아니었다면 저자가 되는 것은 불가능했을 것이다.

경험을 전문 지식으로 바꿔 주다

나는 경영자 중에서도 실무적인 경영자 스타일이었다. 회사에서 발생하는 대부분의 일을 경험하였고 처리할 역량을 가지고 있다. 우리나라 시장에서 지금도 그 분야의 1위를 차지하는 브랜드를 2개나 만들었고, 하나는 브랜드 론칭과 성공까지 직접 감당했었다. 그리고 40개가 넘는 브랜드 론칭을 주도하였고, 20개 가까운 분야를 경험했으며, 5개 브랜드를 동시에 맡는 CEO도 경험했다.

이 모든 경력의 공통점은 '성과를 내야 한다'는 것이었다. 나의 첫 경영자 시절은 너무나 모르는 것이 많았는데, 그것을 극복할 수 있게 해 준 것이 독서였다. 그리고 경영과 관련되어 일어나는 현상을 객관적으로 파악하고 설명할 수 있는 정도까지 되었는데, 이 또한 독서 없이는 불가능했다. 그리고 이런 경험과 독서를 통해 정리된 지식을 바탕으로 지금은 비즈니스 컨설팅을 할 수 있는 정도가 되었고, 대부분 좋은 성과를 낼 수 있었다.

인생의 정년을 없애 주다

지난 30년간의 경영자 생활과 신규 사업의 경험을 바탕으로 독서를 통해 정리된 나의 콘텐츠만 해도 30여 권의 책을 출간할 정도가 된다. 나는 이것을 바탕으로 1인 기업으로도 활동할 수 있고, 온&오프라인 강의도 할 수 있고, 컨설팅도 할 수 있다.

지금도 2개 회사의 대표로 있지만 이것과 관계없이 또 정년과 관계없이 일을 할 수 있는 조건을 갖추게 되었는데, 이 또한 비즈니스 문제 해결 독서법이 아니었으면 갖춰질 수 없는 것이었다.

남에게 나눠 줄 수 있는 인생으로 만들어 주다

남에게 나눠 줄 수 있는 인생이 된 것, 이것이 나에게는 가장 의미 있는 변화이다. 2004년 1월에 어느 조찬 모임에 참석했다가 참석자 중 한 분이 한 가지 제안을 했다.

"오늘은 대화를 '자신에게 이웃을 위해 나눠 줄 수 있는 것이 무엇이 있나?'라는 주제로 해 보자!"

그 순간 내 머릿속이 하얘졌는데, 지금 생각해 보니 나에게는 '신규 사업 경험, 마케팅 경험'이 있었다. 아쉬운 것은 경험과 이론을 함께 줄 수 있으면 좋은데 그렇지 못한 것이다.

지금은 50여 개의 주제로 경험과 이론을 제공하되 나만의 것으로 소화한 내용을 갖게 되었고, 그것도 나의 직업으로 해서 나눠 주는 삶을 살고 있다. 그리고 이렇게 내가 가진 것을 나누며 살 때가 개인적으로는 가장 큰 행복을 느낄 때이기도 하다. 이 역시 비즈니스 문제 해결 독서법을 통해 얻어진 것이다.

10권의 책을 동시에 읽게 해 주다

어느 독서법 책에 보면 책 10권을 동시에 읽는 내용이 있는데, 그 내용을 보면 서로 다른 주제의 책을 10권을 보는 것인 반면에 여기서는 같은 주제의 책을 10권 보는 것을 의미한다.

예를 들면, '성공적인 신상품 개발'이 목표로 하는 해결 주제라고 하면 그와 관계된 책을 5권, 10권을 구해서 동시에 책을 보면서 그 목표 주제에 대한 답을 찾아가는 독서를 의미한다. 지금은 이와 같은 독서가 평상시에 자연스럽게 이루어지고 있다.

콘텐츠 메이커가 되게 해 주다

내가 저술한 3권의 책은 기존에 있는 분야의 책이었지만 그 내용은 기존에 없는 나만의 콘텐츠로 구성되어 있다. 지금 쓰고 있는 독서법에 관한 책도 기존에 있는 수많은 독서법 관련 책 중의 하나이지만 그 독서법 콘텐츠 구성과 내용을 볼 때는 기존과 다른 내용일 것이다.

이제는 나 스스로 새로운 콘텐츠를 만들어 내는 것이 과거처럼 어렵거나 오랜 시간이 걸리지는 않는다. 앞에서 언급한 5권, 10권 동시에 읽는 독서 방법을 통해서 비즈니스와 관련된 웬만한 주제가 주어져도 대부분은 길지 않은 시간 내에 새로운 콘텐츠를 만들어 낼 수 있게 되었다.

다른 사람을 객관성 있고 이론적으로 가르칠 수 있게 되다

처음에 나의 강의는 경험을 위주로 한 간증 같은 강의였다. 그러나 강의를 직업으로 삼고자 했을 때는 그렇게만은 할 수 없었다. 여러 상황의 경우를 다 아우를 수 있고 객관적인 근거가 있는 이론이 함께 있어야 했다. 결국 이것을 함께 갖추는 방법은 비즈니스 문제 해결 독서법을 통한 독서뿐이었다.

지금은 마케팅 전공자들을 대상으로 강의를 할 수 있게 되었고 대학에서도 전공 강의를 할 정도가 되었다. 실제로 내가 두 번째로 쓴 『창업 내비게이션 노트』는 지금도 대학 교재로 사용되고 있다.

머뭇거리던, 두려워하던 것에 도전할 수 있게 해 주다

지금 내가 보유하고 있는 콘텐츠를 처음부터 갖고 있었던 것은 아니다. 강의를 하던 중 새롭게 제안을 받은 강의가 기존에 없던 강의가 되면 사실은 부담스럽다. 그래도 과거 나의 경험에서 성과를 내어 본 적이 있다면 이론적으로 준비가 되지 않았더라도 일단 받아들인 후에 강의 준비에 들어가곤 했다. 어떤 경우에는 거의 10일 동안 두문불출하고 내가 만족할 만한 수준의 강의 콘텐츠가 될 때까지 20여 권 정도의 책을 보면서 강의 콘텐츠를 준비한 적이 있었다.

지금은 내가 갖고 있지 않은 콘텐츠라 해도 두려워하지 않고 도전하는 마음을 갖게 되었다. 비즈니스와 관련된 어떤 내용이라 하여도 독서를 통하여 길지 않은 시간 내에 콘텐츠를 개발해 낼 수 있기 때문이다.

내 인생의 소명을 이루는 도구를 제공해 주다

내 인생의 소명은 성경에서 보리떡 5개와 빵 2조각을 가지고 오천 명이 먹었던 오병이어의 기적처럼 '나 혼자 먹을 수 있는 양식을 가지고 오천 명을 먹이는 일을 하는 것'이다. 세상에서는 오천 명이 먹을 양식을 혼자서 먹을 수 있는 사람을 성공했다고 하지만, 성경에서는 자기 혼자 먹을 양식을 가지고 오천 명을 먹이는 사람을 성공한 사람이라고 한다. 나도 그런 사람이 되고 싶고 그런 역할을 하고 싶다.

지금은 그동안 내가 경험하고 개발했던 콘텐츠들을 통해 청년들, CEO들, 목회자들, 1인 기업가들 등을 대상으로 가르치고 나눠 주며 그들의 바람직한 성공을 돕는 역할을 하고 있다.

좋은 스승들을 만나게 해 주다

내 인생에서 스승이라고 하면 두 분을 꼽을 수 있다. 한 분은 중학교 때 선생님이시고, 한 분은 이랜드 박성수 회장님이시다. 두 분다 지금의 나를 있게 해 주신 귀한 분들이시다. 늘 감사한 마음이다.

그 외에 여러분의 스승님을 만나게 되었는데, 피터 드러커, 톰 피터스, 오스왈드 샌더스 같은 분들이다. 모두 책을 통해서 만나 내 삶에 큰 영향력을 끼치신 분들이다. 한 가지 아쉬운 점은 나는 그분들을 아는데 그분들은 나를 잘 모른다는 것이다. 이분들을 독서를 통해서 만나게 되고 영향을 받은 것은 나에게는 큰 축복이었다.

좋은 사람들을 만나고, 제자들도 생기게 되다

내가 강의와 스쿨을 통해서 얻는 가장 큰 기쁨 중의 하나가 좋은 사람들을 만난다는 것이다. 그리고 많은 수의 제자들이 생겨났다는 것이다.

이분들이 다른 분들과 다른 점은 내가 가르치는 내용을 이해하여 나와 공감대를 갖고 있다는 것이다. 이분들이 현장에서 성과를 내고 성장하는 모습을 보는 것도 내게는 큰 기쁨이다. 이 모두가 비즈니스 문제 해결 독서법을 시발점으로 이루어진 것이다.

새로운 세계를 만나는 기쁨, 성장하는 기쁨을 알게 되다

나의 생활 속에서 누리는 기쁨 중의 하나가 매일 어떤 형태로든 새로운 콘텐츠를 만드는 일을 하고 있다는 것이다. 4~5년에 걸쳐 향후 콘텐츠 개발에 사용될 수 있는 여러 사례와 자료를 모아 놓은 것이 이제는 3,000개 정도 되어 간다.

'기존에 없었던 새로운 것을 만드는 일'

이것이 바로 내가 좋아하는 일의 공통점이다. 첫째는 새로운 콘텐츠를 만드는 일을 좋아하고, 둘째는 새로운 시계를 디자인하는 것을 좋아하며, 셋째는 신규 사업을 기획하고 론칭하는 것을 좋아한다. 이 세 가지 작업에 항상 필요한 요소가 비즈니스 문제 해결 독서법을 통한 독서인 것이다.

나의 세계가 넓어지다

처음에는 4명을 대상으로 강의를 시작하였고, 좀 더 많은 사람들을 대상으로 강의를 하게 되었으며 책을 출간하게 되었고, 강의를 넘어서 스쿨의 형태로 진행하게 되어서 14기까지(1년에 2기 정도) 하게 되었다.

또한 대학에서 강의를 하게 되었고, 대기업에서도 강의 및 컨설팅을 하게 되었으며, 내 콘텐츠를 가지고 경제적 목적이 아닌 비즈니스 스쿨을 진행할 수 있게 되었다. 내 강의 주제를 테마로 대학원이 만들어지고 그곳에서 강의를 하게 되었고, 해외에서도 강의를 하게 되었으며 사업이 아니라 사역의 차원에서 내 콘텐츠를 나눌 수 있게 되었다.

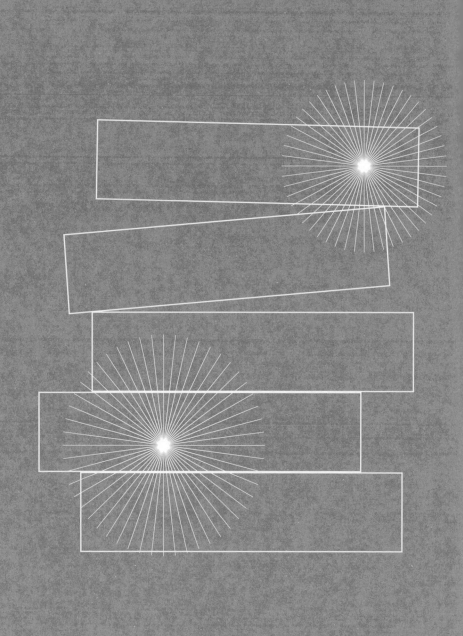

02

단계별로 시행하라!
비즈니스 문제 해결 독서법

1

독서 목표 선정과
목차 구성법

비즈니스 문제 해결 독서법은 5단계에 걸쳐 시행된다. 그중 첫 번째
단계는 목표를 선정하고 목차를 구성하는 것이다. 목차를 구성하는
방법에는 크게 두 가지가 있다. 하나는 목표를 정하고 그 목표에 맞는
목차를 구성하는 방법이고, 또 하나는 목표를 정하지 않고 바로 목차
를 작성하는 방법이다. 이 경우에는 목표를 정하는 것과 목차를 정하
는 것을 함께 묶어서 진행한다.

:: 목표를 정하는 법 ::

비즈니스 문제 해결 독서법의 첫 단계는 책을 읽는 목표를 설정하

는 것이다. 즉, 내가 지금 이 책을 왜 읽으려고 하는지, 이 책을 통해 얻고 싶은 것이 무엇인지를 먼저 정해 보는 것이다.

일반 서적의 경우에는 그저 자기 마음에 끌리는 것을 읽는 것이 보통이다. 그런데 비즈니스 독서의 경우는 그렇지 않다. 비즈니스 하는 사람들은 목표가 분명하다. 많은 경우가 비즈니스 성과를 내는 것이다. 매출을 올리든지 수익을 올리든지 비즈니스 성과를 만드는 일에 집중하게 마련이다. 그들은 자신의 모든 시간을 비즈니스 성과를 내는 데 투자하고 집중한다.

비즈니스 관련 독서도 마찬가지다. 비즈니스 하는 사람들이 비즈니스 관련 책을 읽는 일에 시간을 할당하는 것은 취미로 하는 사람도 있겠으나, 많은 경우가 취미가 아니라 투자로 하는 것이다.

무엇을 위해 투자하는가? 비즈니스 성과를 내기 위해 투자하는 것이다. 그래서 꼭 성과가 목표가 아니더라도 비즈니스 관련 책을 읽을 때는 목표가 분명해야 한다. 그 분명한 목표를 바탕으로 책을 선택하고 읽어야 한다. 이렇게 목표를 정하고 읽는 것이 다른 독서법과 분명하게 구별되는 차이점이다.

따라서 비즈니스를 목적으로 하는 독서는 자기 마음이 끌리는 대로 책을 읽는 것이 아니라, 자신이 해결하고 싶은 비즈니스 관련 주제에 맞는 책을 선택해서 책을 읽는 것이 필요하다. 즉, 목표에 맞게 책을 선택해서 읽어야 하는 것이다. 그래서 그 목표와 연결된 주제에 맞는 책을 통해 자신의 사업의 문제를 해결하는 데 도움이 되게 해야 한다.

목표 설정의 예

예를 들면, 어느 사업가가 현재 프랜차이즈 사업 본사를 운영하고 있다고 가정해 보자. 시작한 지 3년이나 되었는데 계속 적자를 보고 있다. 이 사업이 살아나려면 매장당 매출이 지금보다 20%는 상승해야 한다.

이런 상황에서 이 사업가는 매출을 올릴 수 있는 방안을 찾아보기를 원한다. 그래서 이 방안을 찾기 위해서 여러 가지 방법을 써 보고 있는데, 그중의 한 방법으로 관련 서적을 찾아 독서를 함으로써 그 방안을 찾는 데 도움을 얻고 싶어 한다. 이런 경우 이 사업가의 목표는 무엇일까?

'매출과 관련된 여러 책을 읽으면서 매출을 20% 올릴 수 있는 방안을 찾아보는 것'

그런데 이렇게 목표를 설정하면, 나름대로 타당성이 있지만 범위가 너무 넓게 설정되어 문제가 된다. 매출을 올리기 위해 책을 읽는 것은 틀린 방법은 아니지만, 구체적으로 '어떤 부분의 문제 해결을 통해서 매출을 올리고 싶다'라는 좀 더 명확한 목표를 설정하고 읽으면 책을 고를 때도 구체적이 되고, 읽을 때도 찾아야 할 것을 명확하게 하면서 읽을 수 있다.

'신상품 개발을 통한 매출 20% 상승'

막연하게 '매출 20% 상승 방안'보다는 좀 더 범위를 좁히고 명확히 해서 '신상품 개발을 통한 매출 20% 상승'이라고 명확한 목표로 설정 하는 것이 더 효과적이라는 것이다.

: : 어떤 내용을 책을 읽는 목표로 정할 수 있을까? : :

우선은 자신이 목표를 정한 것과 관련된 책을 읽으면서 그 책으로 부터 얻고 싶은 내용을 생각나는 대로 그냥 적어 본다. 순서 없이 생 각나는 대로 알고 싶은 내용 리스트를 만들어 보는 것이다. 예를 들 면, 다음과 같다.

- 신상품 개발을 하면 무엇에 좋을까?
- 신상품 개발에는 어떤 종류가 있고, 내가 생각하는 신상품 개발 방법은 어디에 해당될까?
- 성과를 만드는 신상품 개발은 어떻게 해야 할까?
- 신상품 개발은 어떤 팀 구성으로 하는 것이 효과적일까?
- 어떤 프로세스로 해야 성과가 나오는 신상품이 개발될 수 있 을까?
- 성과 만드는 신상품 개발에 필요한 핵심 요소에는 어떤 것이 있

을까?

- 신상품 개발 시, 주의해야 할 요소는 무엇이 있을까?

- 현재 내가 참조할 만한 성공 사례는 어떤 것이 있을까?

이런 식으로 자신이 알고 싶은 내용을 순서와 관계없이 생각나는 대로 나열하여 적어 보는 것이다.

사업과 업무의 필요를 느끼는 부분으로 정하라

사업을 진행하면서 사업과 업무에 해결이나 보강이 필요하다고 생각하는 부분을 목표 주제로 정한다. 이때 그 목표는 너무 넓게 잡지 말고, 목표가 명확하게 범위가 그려지도록 구체적으로 설정해야 한다.

'매출을 올리는 법' - 검토해야 할 부분이 너무 넓다.

'가격 전략을 성공적으로 하는 법' - OK

'브랜드 만드는 법' - 너무 넓다.

'차별화를 어떻게 할 것인가?' - 약간 넓다.

'상품 차별화를 어떻게 할 것인가?' - OK

경영 분석, 업무 분석을 통해 정하라

자체적으로 자사의 상태를 분석·진단한다. 자사 분석을 통해 자사의 매출 부진 원인을 찾아보고, 또 매출이 좋을 때는 어떤 요인 때문인지를 찾아본다. 그렇게 찾은 매출 부진의 요소, 매출 성공 요인 중에서 어느 쪽이 자사에 더 필요하며 목표 주제로 하는 것이 좋을지 판단하여 정하도록 한다.

분석 결과 '자사의 화장품 상품력이 약하다'는 결론을 도출했고, 이에 '상품력을 강화시킬 수 있는 방안을 찾아보자'라고 목표를 정했다면 어떨까?

'상품력'이라는 단어 속에는 상품 기획력, 상품 소싱력, 상품 생산력, 디자인 등 여러 가지 개념이 포함되어 있어서 주제의 범위가 넓다. 그렇기 때문에 목표 주제로 정하기에는 적합도가 떨어진다. 따라서 상품력 중 어느 부분이 약한지를 좀 더 정확히 분석해 목표를 설정하는 것이 좋다.

'자사의 화장품 상품력이 약하다. 그중에서도 상품 기획력이 약하다. 상품 기획력 강화 방안을 찾아보자.'

어느 방법으로든지 자사의 경영에 필요하고 구성원들이 공감할 수 있는, 측정 가능한 부분을 목표 주제로 선정하는 것이 필요하다.

미래 자신이나 회사에 필요한 것과 관련된 내용을 정하라

사업을 진행하면서 지금이 아니라 미래에 자신이 계획하고 꿈꾸는 것과 관련된 내용을 목표로 정해 보는 것이다.

예를 들면, 지금 회사 직영으로 운영하는 매장이 두 군데 있는데, 매출이 좋아서 미래에 프랜차이즈 사업으로 확장했으면 좋겠다는 계획이 있으면, 그것을 위해서 지금부터 미리 목표를 정하고 준비해 가는 것이다.

목표를 미래의 성공적인 프랜차이즈 사업을 위해서 '성공한 프랜차이즈 회사의 성공 요인과 실패 요인을 파악하자.'로 정하고, 지금부터 그에 맞는 책을 찾아서 독서를 해 가는 것이다.

또한, 결혼과 육아로 경력이 단절된 30대 후반의 주부가 다시 직업을 갖고 사회에 복귀하고 싶을 때는 '자신이 좋아하면서 잘할 수 있는 분야를 찾아보자.'로 목표를 정하고 관련 책들을 선별, 독서를 하면 답을 찾아갈 수 있다. 앞에서도 잠깐 언급했지만, 목표를 정할 때 주의할 점이 있다.

목표를 큰 범위로 설정하는 것은 가급적 피하라

예를 들면, '매출을 올리는 법'과 같이 내가 알고 싶은 목표를 큰 범위로 정하는 것은 피하는 것이 좋다. 매출을 올리기 위한 방법은 무수히 많다. 그래서 매출을 올리겠다는 목표를 정하면 그 주제를 해결하기 위한 답을 찾기 위해 책을 100권 이상은 읽어야 할 것이다.

이와 같이 목표를 넓게 정하면 목표는 정하기는 쉬운데, 범위가 넓어서 진짜 알아내야 할 목표가 오히려 불분명해질 수 있다.

범위를 좁혀서 구체적으로 목표를 설정하는 것이 효과적

우리가 알고 있는 것처럼 목표 설정은 구체적일수록 좋다. 너무 넓게 목표를 설정하면 책을 읽고 채워야 할 내용이 광범위해지고, 그렇게 범위가 넓어지는 만큼 채워야 하는 내용이 애매해질 수 있다.

책을 읽는 목표의 범위가 좁을수록 독서를 통해 찾아내고 파악하기가 쉽고, 알고 싶은 부분의 내용을 찾아냈는지에 대한 여부를 명확히 분별할 수 있게 된다. 따라서 목표 설정은 좁고 구체적으로 하는 것이 좋다. 예를 들어 살펴보자.

'매출을 올리는 법' - 너무 넓음
'매출을 올리기 위해 고객을 확보하는 법' - 조금 넓음
'매출을 올리기 위해 SNS로 고객을 확보하는 법' - 좋음
'매출을 올리기 위해 페이스북으로 고객을 확보하는 법' - 가장 좋음

이렇게 해야 내용에 알맞은 책을 찾아내기가 쉬워지고, 좋은 책을

찾아내야 문제 해결이 쉬워지며, 그것을 통해 성과를 얻을 확률을 높일 수 있게 된다. 위의 두 가지 접근법의 내용을 살펴보았을 때, 목표를 설정할 때는 목표의 범위를 좁혀서 목표를 명확히 하고 구체화하는 것이 더욱 효과적인 방법이 된다.

: : 목표에 맞는 목차를 작성하는 법 : :

기존 독서법에는 없고 비즈니스 문제 해결 독서법에만 있는 것 중의 가장 대표적인 것이 자신이 독서를 통해 알고 싶은 목표 내용을 목차로 만들어서 독서를 시작하는 것이다.

독서를 통해서 자신이 알고 싶은 것을 얻기 원한다면 자신이 알고 싶은 내용이 무엇인지를 사전에 알고 있어야 한다. 자신이 알고 싶은 것이 무엇인지 모르는데 어떻게 알고 싶은 내용을 책에서 찾을 수 있겠는가? 우리는 가끔 의도치 않게 인생 책을 만나기도 하고, 그간 알고 싶어 했던 내용을 찾기도 한다. 그런데 이런 경우는 어디까지나 우연이지, 항상 이루어지는 것은 아니다.

사실 이런 목차를 어떤 내용으로 작성하느냐에 따라 얻고자 하는 결과물이 달라진다. 자신이 알고 싶어 하는 내용이 잘 정리되어 있을 수록 독서를 하면서 독서 집중도가 높아질 뿐 아니라 알고 싶은 내용을 더 효과적으로 찾아낼 수 있다. 그래서 비즈니스 문제 해결 독서법에 있어서 자신이 알고 싶어 하는 내용을 목차로 어떻게 정리하느냐가 독서 성과의 반을 차지한다고 말할 수 있을 정도로 중요하다고 할 수 있다.

이러한 목차를 정할 때는 두 가지 접근법이 있다.

책을 선택한 후, 알고 싶은 내용을 목차로 만드는 방법

첫째는 책을 먼저 선택한 뒤, 선택한 책에서 알고 싶은 내용을 목차로 만드는 방법이다. 일반적으로 독서를 할 때 가장 많이 접근하는 방법이다. 그냥 맘에 드는 책을 찾아보다가 맘에 드는 책을 만나면 그 책에서 자신이 기대하는 내용을 적어보고 목차로 만들어 보는 방법이다.

이 경우는 보통 목표를 정하지 않고 있다가 책을 보고 이 책이 자신에게 혹은 자신의 사업에 도움이 되겠다고 생각해서 책을 읽는 상황으로, 간단한 목표를 가지고 바로 목차를 작성해서 읽는 방법이다.

즉, 내가 선택한 책 속의 내용에 한정해서 자신이 궁금하고 알고 싶은 내용을 독서 목표로 정해서 그 내용을 파악해 가는 것이다.

예를 들면, 자신이 읽고자 선택한 책이 '전략에 대한 관점'에 관한 것이라면 그 책 속에는 주로 '전략에 대한 관점'에 관한 내용이 있을 것이기에 그 책을 읽는 목표를 '전략에 대한 관점의 이해'로 정해서 책을 읽는 것이다. 만일 이 책의 내용에 없는 전략 수립 프로세스를 목표로 정하면 목표에 맞지 않은 책을 선택한 것이 된다.

목표 목차를 정한 후, 그에 맞는 책을 찾는 방법

둘째는, 책을 읽기 전에 자신이 알고 싶은 주제와 관련된 전체적인 내용의 목표 목차를 먼저 정한 후에 그에 맞는 책을 찾아서 독서하는 방법이다.

예를 들면, 내가 알고 싶은 주제가 '전략을 수립하는 프로세스'라고 한다면, 전략 수립 프로세스와 관련된 여러 가지 내용을 모두 모아서 전략 수립의 순서를 파악하여 전체적인 내용의 논리적 흐름에 맞게 목차를 구성해 보는 것이다.

그리고 나서 전략 수립이라는 것이 그에 관한 내용만 알면 되는 것이 아니라 관련된 여러 내용을 이해해야 가능한 것이기에, 전략 수립에 관한 책을 여러 권 읽고 그것을 종합하여 '전략을 수립하는 프로세스'에 대한 전체 내용을 채워 가는 방법이다.

비즈니스 문제 해결 독서법에서는 가급적이면 조금 힘들더라도 자신이 알고 싶은 분야나 주제에 대해 전체적·종합적으로 알고 싶은 내용에 대한 목표를 세우고 나서 각각 세분화된 내용에 대해 맞는 책을 찾아 부분적으로 알고 싶은 내용을 해결하여 그것을 종합하여 전체적으로 알고 싶은 주제를 채워 나가는 방법을 추천한다.

왜냐하면 비즈니스에서는 어떤 주제와 관련해서 부분적으로 아는 것만으로는 성과로 연결 짓기가 어렵고 종합적으로 이해하고 적용하는 것이 성과를 내는 데 더 효과적이기 때문이다.

그 대신에 여러 권의 책을 읽고 내용을 수집하여 종합적으로 모으고 연결하는 작업을 해야 해서 좀 더 에너지가 많이 들고 힘들어지기 때문에 독서를 하는 입장에서는 부담이 되는 접근법이다. 반면에 성과를 내고 문제를 해결하는 입장에서 보면 더 적합한 방법이라고 할 수 있다. 이 방법이 비즈니스 문제 해결 독서법에서 추천하는 방법이다.

책을 읽을 때 우연히 발견하는 책의 기쁨도 있겠지만, 자신이 해결하고 싶은 주제를 먼저 정리한 후에 그것을 부분적으로 해결해 가는 것보다는 주제와 관련된 종합적인 내용으로 접근해 가는 것이 더 효과적이다.

왜냐하면 비즈니스의 성과가 어떤 주제와 관련해서 어느 부분만을 한정해서 실행했을 때 성과가 나기보다는 그 주제와 관련된 종합적이고 전체적인 내용으로 실행했을 때 성과가 날 가능성이 높기 때문이다. 말하자면 목표를 정하고 그에 맞는 책을 찾아서 해결해 나가는, 목표를 달성하는 독서를 하는 것이다.

비즈니스 목적의 문제 해결은 처음부터 의도와 목표가 명확하다. 그 문제를 해결하기 위해서는 우연히 일어나는 방법으로 접근하기보다는 목표를 정하고 그에 맞는 책을 찾아 목표에 맞는 내용을 정리하여 문제를 해결하는 것이 일반적으로 더 효과적이다.

: : 목차를 어떻게 작성할 것인가? : :

　목차를 작성하기 전에 먼저 읽고자 하는 책과 관련하여 알고 싶은 내용을 먼저 적어 본다. 전후 관계 상관없이 자신이 알고 싶은 내용과 책을 통해 찾아내고 싶은 내용을 적어 보는 것이다.

　그러고 나서 목차를 만들어 본다. 처음부터 목차를 만들어도 좋지만 일반적으로는 한 번에 논리적 구성을 가진 목차를 만드는 것이 부담스러울 수 있으므로 알고 싶은 내용을 편안하게 생각나는 대로 먼저 적어 보고 나서 목차를 만들어 본다. 물론 처음부터 바로 목차를 작성해도 좋다.

　'목차란, 내가 책을 통해서 알고 싶은 내용을 논리적 구성으로 정리한 것.'

　내가 알고 싶은 목차를 작성할 때는 가급적이면 앞에서 말한 두 가지(알고 싶은 내용 전체 목표, 한 권의 목표)를 모두 작성하는 것이 좋다. 왜냐하면 내가 궁극적으로 알고 싶은 것은 이 책을 통해서이기도 하지만, 이 책 한 권에 한정된 것만이 아니라 내가 알아서 해결하고 싶은 문제와 관련된 전체 내용이기 때문이다. 그래서 이 책에만 초점을 맞추는 것이 아니라 내가 이루고자 하는 목표, 즉 비즈니스 문제를 해결하는 것이나 성과를 내는 것을 생각해야 한다.

　그러나 이것을 적용할 때는 읽는 독자가 자신의 상황과 관심사에 맞게 전체 목차와 이 책 목차 두 가지를 다 작성하거나 둘 중 하나만 작성하는 것 중에서 선택해서 활용하면 된다. 다만, 내가 책을 읽는 것이 이 책 한 권만을 이해해서 적용하는 것이 목표인지 아니면 여러 권의 독서를 통해 내가 해결하고 싶은 문제나 주제를 해결하여 성과를 내려고 하는 것인지를 늘 생각하고 있어야 한다.

목차를 정하는 순서는 다음과 같다.

1) 이 책을 읽는 목표를 적어 본다.
2) 알고 싶은 내용을 그냥 생각나는 대로 적어 본다.
3) 적어 놓은 목차를 논리적으로 생각하면서 재배치, 순서 정리를 한다.
4) 논리적으로 재배치하고 순서를 조정한 '알고 싶은 내용 리스트'를 '목차 형식'으로 바꿔서 작성한다.

이 책을 읽는 목표 적어 보기

비즈니스 독서의 시작은 먼저 목표를 정해 보는 것이다. 그리고 그 목표를 목차로 바꿔서 정리한 후에 독서를 시작하게 된다.

자신이 왜 이 책을 선택했고, 이 책을 통해서 얻고 싶은 것이 무엇인지를 먼저 정리한다. 그 후에 책의 제목만 보면서 이 책 내용이 무엇일지를 생각해 보며 자신이 알고 싶은 내용과 관련이 있는지를 판단해 본다. 그다음에는 책의 목차를 보면서 자신이 원하는 내용이 이 책 속에 있는지를 확인해 본다.

예를 들어 자신이 읽고자 하는 책이 신상품 개발과 관련된 책이라면, 이 책을 통해서 자신이 알고 싶거나 해결하고 싶은 것을 구체적으로 범위를 좁혀 명확하게 정의해 본다.

목표 1: 이 책을 통해 어떻게 신상품 개발을 해야 하는지에 대해 알고 싶다.

위의 목표는 넓은 범위의 목표다. 앞에서 설명했듯이 이렇게 범위를 넓게 정하게 되면 내용이 많고 광범위해서 책 한 권으로는 해결되지 않는다. 위의 목표로 책을 읽었을 때, 정리의 범위가 넓어지거나 핵심 포인트가 애매해져 좋은 목표 설정이라고 볼 수 없다.

목표 2: 이 책을 통해 '신상품 개발 프로세스'를 알고 싶다.
목표 3: 이 책을 통해 '신상품 개발의 콘셉트를 어떻게 정해야 하는지 그 방법'을 알고 싶다.

오히려 목표 1보다는 목표 2나 목표 3처럼 알고 싶은 내용을 명확히 해서 설정하는 것이 더 좋은 목표가 될 것이다. 그러고 나서 자신이 이 책을 통해 알고 싶은 내용을 순서에 관계없이 생각나는 대로 적어 본다.

알고 싶은 내용을 그냥 생각나는 대로 적기

목차가 중요하므로 잘 작성하는 것이 중요하지만 처음부터 잘 작성하기는 어렵다. 그렇다고 목차 작성에 너무 공을 들이다 보면 독서를 하려고 하는 건지 목차를 작성하려고 하는 건지 모를 수 있다. 일단은 비즈니스 문제 해결 독서법이고 성과에 초점을 맞춘다고 하여도 독서 그 자체는 즐거워야 한다. 책을 읽는 것이 재미없다면 그 독서가 얼마나 갈 수 있겠는가?

다른 사람에게 보여 주려고 목차를 만드는 것이 아니므로 목차를 작성하는 것을 처음부터 완벽하게 잘하려고 하기보다는 부담을 갖지 말고 작성해 보자. 그리고 작성해 놓은 내용을 보면서 조금씩 수정하면서 완성해 가는 것이 더 자연스럽고 내용이 좋아질 수 있다.

목차 작성을 첫술에 만족하려 하지 말고, 시간을 가지고 수정에 수정을 거듭해 가면서 보완하여 완성해 나가면 된다. 그리고 기본적으로 목차를 잘 작성했든 안 했든 일단 작성을 하면, 목차 작성을 하지 않고 읽었던 기존의 독서 방법에 비해 더 많은 것을 얻어 갈 수 있으므로 목차 작성에 너무 부담을 갖지 않고 시도해 보기를 권한다.

이러한 목차 작성의 시작은 그냥 자신이 이 책을 통해서 알고 싶은 내용이 무엇인지를 처음부터 잘 생각하거나 자신이 하는 것이 맞는지에 대한 부담 없이, 내용의 앞뒤 논리적 순서를 생각하지 않고 그냥 생각나는 대로 자신이 알고 싶은 내용을 편안하게 적어 보는 것이다.

예를 들어, 자신이 현재 작은 파스타 식당을 하고 있는데 기대만큼 잘 안돼서 그 개선 방안을 찾아보고 싶다. 그래서 독서를 통해 그 방법을 찾아내고자 할 때 다음처럼 알고 싶은 내용을 쭉 적어 보는 것이다.

[내가 이 책에서 알고 싶은 내용]
- 어떻게 잘 안되고 있던 가게를 살려 냈을까?
- 가게가 잘 안됐던 이유는 무엇이었을까?
- 가게 주인은 잘 안되는 이유를 왜 파악하지 못했을까?
- 잘 안되는 원인 대비 해결 방안은 무엇일까?
- 가게 주인의 마인드는 어땠을까? 무슨 문제가 있었을까?
- 가게 주인이 잘하고 있는 점은 무엇일까?
- 이 가게의 다른 가게 대비 강점은 무엇일까?

맨 처음에 한 번 적어 보는 것에 그치는 것이 아니라 계속해서 생각나는 대로 혹은 책을 읽으면서 생각이 바뀌는 것이 있으면 그때그때 추가하거나 조정하면서 계속 수정해 나가는 것이 필요하다.

적어 놓은 목차를 논리적으로 재배치, 순서 정리하기

앞에서 자신이 알고 싶은 내용을 나열하듯이 생각나는 대로 적어 보았다면, 자신이 원하는 내용이 나올 수 있도록 그 내용들의 연결 관계를 따져서 논리적으로 정리 배치를 하는 작업이 필요하다.

일단 적어 놓은 목차들 중에서 유사한 내용을 가진 목차들을 서로 묶어 본다. 묶어 놓은 목차들의 연결 관계를 생각해서 배치를 정리해 보도록 한다. 이때, 자신이 책을 쓴다고 가정하고 목차를 배치해 보는 것이 좋다. 목차들의 연결 관계를 서로 고려하여 목차 내용의 앞뒤 순서를 생각하며 배치를 해 본다.

목차 내용 속에서 최종적으로 자신이 찾고자 하는 내용이 담겨 있는지를 확인하며 결론이 나올 수 있도록 목차를 구성한다.

'알고 싶은 내용 리스트', 목차 형식으로 바꿔 작성하기

이렇게 자신이 설정한 목표를 달성하기 위하여 필요한 '알고 싶은 내용 리스트'를 생각나는 대로 적어 본 후에, 이것을 좀 더 체계적으로 분류하여 파악할 수 있도록 그 '알고 싶은 내용 리스트'를 '목차의 형식'으로 바꿔서 좀 더 내가 알고 싶은 내용을 체계화하도록 한다.

이 책을 통해 내가 알고 싶은 내용, 찾아내고 싶은 내용, 목표에 맞는 내용으로 비슷한 내용끼리 모아 보면서 서로 논리적인 연관성이 있는 항목들을 논리적 전후 관계를 따져 순서를 정해서 배치하여 목차 형식으로 정리한다.

이렇게 목표를 적어 보고 알고 싶은 내용 목차를 만들어 가며 진행해 보면, 목표에 대해서도 처음보다는 더욱 구체적이 되고, 목차에 대해서도 수정할 사항이 생겨 내용이 좀 더 좋게 정리되어 갈 것이다.

알고 싶은 내용 쭉 적어 보기

1
2
3
4
5
6
7
8

나의 목차로 만들어 보기

1
2
3
4
5
6
7
8

1 사업 목표를 달성하기 위해서는 어떤 계획들을 세우고, 어떤 기준으로 우선순위를 정해야 할까?

2 사업계획을 계속 기억하면서 체크하는 사업계획을 세우려면 어떻게 해야 할까?

3 매출 목표를 달성하기 위해서는 어떤 요소들이 중요한가? 내 사업계획에 어떻게 녹아들게 할 것인가?

나의 목차로 만들어 보기

사업계획 수립시,

1 사업 목표 달성 시 필요한 매출 목표: 매출 목표를 달성하기 위해서는 어떤 요소들이 중요한가?

2 매출 목표 달성을 위한 사업계획 : 내 사업계획에 어떻게 녹아들게 할 것인가?

사업계획 수립이후,

3 사업 목표 달성을 위한 우선순위 : 사업 목표를 달성하기 위해서는 어떤 계획과 기준으로 우선순위를 정할까?

4 기억하며 체크할 수 있는 사업 계획 수립 방법

[앞의 알고 싶은 내용을 바탕으로 정리된 내용의 목차]

- 안되던 가게의 문제점을 어떤 관점에서, 어떤 방법으로 찾아 냈나?
- 가게 주인에게는 어떤 문제점이 있었나?
- 찾아낸 문제점이 가게 주인이 파악했던 문제점과 어떻게 달랐나? & 양쪽의 문제에 대한 분석 내용이 달랐다면 그 이유는?
- 핵심 문제점은 무엇인가?
- 문제 해결을 위해 무엇에 해결 포커스를 맞추었는가?
- 문제 해결을 통해 성과를 내기 위한 요소는 무엇인가?
- 문제를 어떤 프로세스로 해결해 나갔는가?
- 내가 현재 갖고 있는 비슷한 문제 주제와 같은 점과 다른 점이 있 는가?
- 이런 요소, 프로세스를 나에게 적용하면 성과를 낼 수 있을까?
* 팁: '알고 싶은 내용 목차'를 책갈피처럼 만들어라!

이처럼 책을 통해서 자신이 알고 싶거나 얻고 싶은 내용을 목차로 들어 구체적으로 목표를 정해 보고, 이것을 책갈피처럼 만들어서 책 을 읽는 중에 계속 읽어야 한다. 자신이 지금 목표에 맞게 책을 읽고 있는지, 아니면 책의 내용이 내가 찾고 싶어 하는 내용 중에서 어느 부분을 채워 주고 있는지를 살펴보면서 책을 읽는 과정이 필요하기 때문이다.

이때 책갈피 대신에 '포스트잇'에 목차를 적어 놓고 이동하면서 참조하는 것도 아주 실용적이고 효과적인 방법이다. 그리고 목차를 계속 보면서 책을 읽다 보면 목차를 만들 때는 생각하지 못했던 것들, 이를 테면 책을 통해서 알고 싶은 또 다른 내용이 생각나기 때문에 목차에 더 추가할 수 있게 되고 그만큼 책을 통해 알아내고 찾아내는 내용이 더욱 풍성해진다.

이와 같이 책을 읽는 목표와 책을 통해서 알고 싶은 내용이 무엇인 지를 구체적으로 정하고 시작하는 것이 비즈니스 문제 해결 독서법의 중요한 특징이자 시작점이다.

일반적인 독서의 경우에는 내가 이 책을 왜 읽는지, 또 내가 이 책을 통해 알고 싶은 내용이 무엇인지를 정하지 않고 읽는다. 이 때문에 모든 관심이 '저자가 무슨 말을 하는 것일까?'에 초점이 맞춰져서 저자가 말하는 내용을 이해하는 것에 비중을 두고 있다. 반면에 비즈니스 문제 해결 독서법은 독자인 나의 입장에서 알고 싶은 내용, 목표에 맞는 내용을 책에서 찾아가며 읽는 방법으로 전자가 저자의 입장에서 읽는 것이라면 후자는 철저하게 독자의 목표에 맞춰서 읽는 방법이다.

앞에서도 말했듯이 내가 알고 싶은 내용을 어떤 한 권의 책을 통해서 모두 한 번에 파악하기는 어렵다. 그래서 내가 알고 싶은 내용을 목차로 만들어 적어 놓은 뒤, 여러 책을 통해 내가 알고 싶은 내용과 해결하고 싶은 주제를 채워서 업무에 적용해야 한다. 그렇기 때문에 책을 읽는 목표와 알고 싶은 내용을 잘 적어 두는 것이 비즈니스 문제 해결 독서법의 주요한 시작점이라고 할 수 있다.

:: 목차 만들기 관련 Q & A ::

Q. 누구나 처음부터 알고 싶은 내용을 목차로 정해서 책을 읽어야 하나요?

A. 그렇지 않습니다. 처음부터 목차를 정해서 독서를 하는 것이 좋겠지만, 독서를 항상 목표를 가졌을 때만 하는 것은 아닙니다. 우리가 서점에 가서 그냥 편안한 마음으로 둘러보다가 우연히 내 마음에 드는 책을 만날 수도 있고, 그냥 이 책 저 책을 보다가 '그래, 내가 알고 싶은 내용이 이런 것이었지!' 하면서 자신이 알고 싶은 내용을 파악하기도 합니다.

즉, 자신이 독서를 어떤 방향에 맞춰서 해야 하는지는 처음부터 알 수도 있고 모르고 있다가 우연히 발견하여 진행할 수도 있는 것입니다.

중요한 것은 비즈니스 성과와 관련해서 독서를 할 경우에는 처음에 책을 읽을 때부터 자신이 알고 싶은 내용을 알고 시작하든 모르고 시작하든 어떤 형태로 알았든지 간에, 일단 알고 싶은 내용이나 방향이 정해졌으면 그 분야에 관한 독서를 시작하기 전에 알고 싶은 내용을 목차의 형태로 구체화해야 한다는 점입니다. 단, 알고 싶은 내용을 꼭 목차의 형태로만 해야 한다는 것은 아니고 목차의 형태는 제가 제안하는 방법입니다.

Q. 좋은 내용의 목차를 처음부터 만드는 방법은 없을까요?

A. 좋은 목차가 나오려면 알고 싶은 것이 논리적으로 잘 연결되고 정리가 되어야 하기 때문에, 논리적으로 훈련이 된 사람은 처음부터 목표를 정하고 목차를 만드는 것이 좀 더 수월할 것입니다. 그러나 그러한 사람도 자신이 알고 싶은 내용을 한 번에 뽑아내기란 쉽지 않을 것입니다.

평상시에 그 주제에 관해서 충분히 생각해 놓지 않았는데 그 주제에 대해 알고 싶은 내용을 한 번에 정리하기란 어렵습니다. 그래서 어떤 문제나 주제에 대해 한 번에 목표나 목차를 만들려면 평상시 준비와 훈련이 필요합니다.

이럴 때 좋은 방법이 '목차 노트'를 만들어서 평상시에 관심 있는 주제별로 목차를 틈날 때마다 적어 보는 것입니다. 평상시 자신이 알고 싶었던 내용을 좋은 퀄리티의 목차로 정리하게 되면 내가 얻고자 하는 문제 해결이나 독서 목표를 달성하는 데 상당한 도움을 얻게 됩니다.

그러기 위해서는 내용 구성이 좋은 목차를 빠른 속도로 만드는 것이 필요한데, 사실 목차를 한 번에 좋은 내용으로 만드는 것이 쉽지가 않습니다. 왜냐하면 자신의 관심사를 어느 한순간에 혹은 며칠 내에 다 찾아내는 작업이 만만치 않기 때문입니다.

생각이라는 것이 내가 원할 때마다 생각나는 것도 아니고, 내가 과거에 스쳤던 좋은 생각과 아이디어, 영감 등을 생각해 내겠다고 마음 먹는다고 해서 생각해 낼 수 있는 것이 아닙니다. 관심 있는 분야나 주제와 관련해서 떠오르는 생각을 평상시에 기록해 놓는 작업이 필요한 이유입니다.

목차 구성과 내용에 대해서도 평상시에 생각을 하고 있다가 기회가 될 때 노트(목차 노트)에 기록해 놓고 시간을 가지고 평상시에 정리해 놓아야 합니다. 그러다 보면 그 분야에 관한 문제를 해결하거나 내용 정리가 필요해서 독서를 해야 할 때가 되었을 때 즉석에서 떠오르는 대로 목차를 작성하는 것이 아니라, 이미 전부터 그 내용을 적어 보면서 목차로 숙성시키면서 정리해 오던 것을 목차로 사용할 수 있게 되어 퀄리티 높은 좋은 내용의 목차를 작성할 수 있게 됩니다.

Q. 평상시 목차를 정리해 두면 어떤 점에서 좋은가요?

A. 자신이 알고 있는 범위가 드러나게 되고, 알고 싶은 주제에 대한 전체 구성을 그릴 수 있게 됩니다. 또한 알고 싶은 항목과 항목 간의 연결 고리를 논리적으로 생각할 수 있게 되고, 해결하고 싶은 주제와 문제에 대한 전체 성과 요소가 무엇인지를 생각하게 됩니다.

전체를 생각하게 되면, 자신이 현재 무엇에 강하고 어디에 약한지를 가늠하게 돼 어떤 공부가 필요한지를 알게 되고 독서와 공부에 대한 동기 부여가 될 수 있습니다.

더 나아가 책을 읽지 않고 목차만 정리해도 스스로에 대한 많은 부분이 정리됩니다. 자신의 관심 범위뿐 아니라 자신이 현재 알고 있는 범위를 알게 되고, 지금 나의 상태라면 성과를 낼 수 있을지 없을지를 판단할 수 있게 됩니다. 또한 알고 싶은 것이 무엇인지 구체화되며 자신이 관심 있는 주제나 문제에 대한 솔루션을 광범위하게 찾게 되고, 그러는 동안 독서의 범위도 그 주제 안에서 확장됩니다. 자신이 관심 있는 주제나 문제의 솔루션에 대한 집중도도 올라가게 됩니다.

목차를 계속 수정해 가면서 원하는 목차가 만들어지게 되고, 목차만으로도 관심 있는 주제나 문제 해결에 대한 솔루션을 찾을 수 있는 내용의 구성이 나오게 됩니다. 이때, 실제 그 목차에 맞는 내용을 찾아내느냐는 그다음 문제입니다.

Q. 처음에 특별히 알고 싶은 것이 없어서 목표가 안 떠오르거나, 처음 접하는 주제라서 잘 모를 경우에는 어떻게 해야 하나요?

A. 얼마 전 직원들과 『로지컬 씽킹』이라는 책으로 독서 모임을 할 때였습니다. 참석자 모두 책을 읽고는 왔는데 '로지컬 씽킹'에 대해 아는 것이 없어서 알고 싶은 내용을 정하지 않고 책을 읽었다고 했습니다. 그중 한 직원만이 주제를 정하여 책을 읽고 왔다고 말했습니다.

'상사에게 반론이 없을 만큼의 명쾌한 보고를 하려면?'

그래서 이 주제로 다른 직원에게 질문을 해 보니, 그 주제에 대해 모두 자기 생각과 경험을 얘기할 뿐 책에 있는 내용을 바탕으로 얘기는 직원은 없었습니다.

다시 원점으로 돌아가서 목표를 정하고 읽었는지에 대해 질문하니, 로지컬 씽킹을 처음 접하게 돼서 책 내용을 모르고 알고 싶은 내용이 무엇인지도 몰라 목표를 정하지 못했다는 대답을 들었습니다. 목표를 정하지 않고 독서를 한 결과, 몇 가지 핵심 사항을 직원들에게 질문하면 답변을 하지 못했고 책에 그런 내용이 있었는지조차 알지 못했습니다.

그리고 자기 생각과 책에서 본 일부의 내용을 섞어서 답변하는 현상이 나타나서 이 책을 읽은 효과가 거의 드러나지 않고 있었습니다. 즉, 비즈니스 문제 해결 독서법이 아니라 일반적인 독서법으로 책을 읽고 온 현상이 나타나고 있었던 것입니다. 이럴 경우에는 어떻게 해야 할까요?

자신이 로지컬 씽킹에 대해 아는 것이 없기 때문에, 이때는 처음부터 알고 싶은 것을 적어서 목표를 정하는 방법은 효과가 없습니다. 이런 경우에는 책의 목차를 보면서 내용을 살펴보고 알고 싶은 내용을 뽑아서 목표를 정한 뒤 독서를 시작하면 좋습니다.

2
좋은 책을 선택하는
세 가지 방법

비즈니스 문제 해결 독서법의 두 번째 단계는 좋은 책을 선택하는 것이다. 책 선택만 잘해도 목표의 50%는 이루게 된다.

: : 좋은 책과 만나는 법 : :

비즈니스 문제 해결 독서법 5단계 내용을 들어가기 전에 기억해야 할 것이 하나 있다. 비즈니스 관련 독서를 통해서 성과를 얻으려면 비즈니스와 관련 있는 책들이 모두 다 성과와 연결되는 것이 아니라, 비즈니스 성과와 관련 있는 책을 읽었을 때에만 성과와 연결된다는 점이다.

그래서 비즈니스 문제 해결 독서법을 말할 때는 먼저 성과를 올릴 수 있는 것과 관련이 있는 좋은 책을 골라서 읽어야 한다. 그렇기에 비즈니스 성과와 관련 있는 좋은 책과의 만남은 꼭 필요하다. 책을 읽고 성과를 내기 위해서는 읽고 정리하고 적용하는 법을 잘하는 것 이전에 좋은 책을 만나야 한다는 것이다.

나의 경험으로는 좋은 책과의 만남이 자신의 성장에 큰 도움이 될 수 있었다. 약간 과장해서 말하면, 좋은 책을 만나면 인생이 바뀔 수도 있다. 그만큼 좋은 책 하나의 영향력이 크다.

책을 읽고 정리하고 적용하는 내용이 좋아지기 위해서는 책의 내용이 기본적으로 좋아야 한다. 책의 내용이 안 좋거나 평범하고, 내가 원하거나 찾는 내용이 없다면 어떻게 문제를 해결하고 성과를 올리는 일에 반영할 수 있겠는가? 성과를 올리기 위해서는 성과를 올리는 데 도움을 줄 수 있는 내용이 담긴 책을 만나야 한다.

좋은 책이란 무엇인가?

좋은 책을 만나기 위해서는 두 가지를 이해해야 한다. 첫 번째는, 좋은 책에 관한 것이다. 그렇다면 좋은 책이란 어떤 책을 말하는 것일까?

좋은 책에 대한 기준은 사람마다 다를 수 있겠지만, 비즈니스 독서와 관련해서는 자신이 책을 통해 문제를 해결하고 성과를 내는 데 도움을 얻는 것이 독서의 목적이라고 한다면, 자신이 문제를 해결하고 성과를 얻는 데 도움이 되는 내용이 담겨 있는 책이 '좋은 책'이다.

이를 좀 더 구체적으로 말하면, 자신의 비즈니스에서 해결하고자 하는 주제가 있을 때 그 주제를 해결하는 데 도움을 줄 수 있는 책이 '좋은 책'이다. 그런데 좋은 책보다 더 좋은 '진짜 좋은 책'은 비즈니스 주제를 해결하는 데 도움을 주는 것을 넘어서 솔루션, 즉 답을 주는 책이다.

그런데 자신이 해결하고 싶은 주제와 관련된 솔루션이 모두 담겨 있는 한 권의 책을 만나기란 쉽지 않다. 또 솔루션이 있다고 해도 내가 원하는 주제 해결의 일부분이 담겨 있는 경우가 대부분이다. 한 권의 책으로 내 문제를 모두 해결할 수 있는 책은 성경 외에 또 있을까 할 정도로 만나기 어려운 것이 사실이다.

자신의 비즈니스에 도움이 되는 솔루션은 보통 한 권의 책에는 부분적으로만 담겨 있어서, 자신의 주제를 종합적으로 해결하고자 할 때는 여러 권의 책 속에 담겨 있는 내용을 잘 찾아서 주제 해결에 맞게 종합적으로 정리하는 것이 중요하다.

결론적으로, 책을 통해서 자신의 비즈니스에 도움이 되고자 한다면, 여러 권의 좋은 책을 잘 찾아서 여러 권의 책에 흩어져 있는 문제 해결의 솔루션을 찾아 정리를 해서 적용하는 작업이 필요한 것이다.

두 번째는, 좋은 책과의 '만남'이다. 좋은 책을 만난다는 것은 어떤 의미일까? 좋은 책을 만나기 위해서 반드시 해야 할 세 가지 동사를 알아보자.

좋은 책 만나기 1 : Search

첫 번째는, 'Search' 하는 것이다.

우리 말로 번역하면, '찾아보다, 뒤지다, 수색하다'의 뜻이다. 좋은 책을 만나려면 먼저 Search를 해 봐야 한다. 자신이 비즈니스적으로 해결하려고 하는 주제와 관련된 책이 어디에 있고, 어떤 책이 있는지를 뒤져 보고, 탐색해 보는 것이다.

이와 같은 작업을 진행할 때 참조가 되는 방법을 소개하면 다음과 같다.

1) 주제와 관련된 서적을 읽을 때 소개되는 서적을 참조한다.
2) 주제와 관련된 서적을 읽을 때 참고 문헌을 참조한다.
3) 주제와 관련된 기사나 칼럼, 사례 등을 볼 때 관계된 정보나 책을 스크랩해 둔다.
4) 주제와 관련된 전문가를 만날 기회가 있을 때 물어본다.
5) 주제와 관련된 서적이 어떤 것이 있는지를 서적 사이트에 들어가서 검색해 본다. 이것의 좋은 점은 지금 잘 찾아볼 수 없는 지나간 좋은 책을 찾을 수 있는 기회가 생긴다는 것이다.
6) 정기적으로 큰 서점에 가서 주제와 관련된 서적을 찾아본다.

좋은 책 만나기 2: Find

두 번째는, 'Find' 해야 한다.

Find는 '(잃어버려서 찾고 있던 것을) 찾다, (연구 생각한 끝에) 찾아내다'
는 뜻을 가지고 있다. 찾고자 하는 내용이 눈에 보이게 드러나 있는
것이 아니라 뒤에 감춰져 있어서 내가 주의를 기울여서 찾아내야 하
는 작업이다. 이와 같은 작업을 하기 위해서는 책 제목, 목차, 프롤로
그들을 검토해야 한다.

'책 제목'

먼저 책 제목을 검토해 봐야 한다. 일반적으로 책 제목에는 그 책
의 핵심 내용이 함축되어 있다. 책을 출간하는 저자나 출판사는 발행
하는 책의 내용을 어떻게 해서든지 독자에게 알리거나 어필하려고 한
다. 그러기 위해 가장 먼저 신경 쓰고 집중하는 것이 책 제목이다.

잘 지은 책 제목 하나가 출판의 반을 차지할 정도로 제목은 책을
설명하는 아주 중요한 역할을 한다. 『아프니까 청춘이다!』, 『일을 했으
면 성과를 내라』, 『이기는 습관』, 『리딩으로 리드하라!』 이런 책들은 제
목만 봐도 그 책의 내용을 짐작할 수 있다.

그렇기 때문에 책 제목을 잘 살펴보면 그 책의 내용이 자신의 책
읽는 목표에 맞는지, 자신이 원하는 내용이 있는지를 파악할 수 있다.
그래서 사전에 책 제목을 먼저 살펴봐야 한다.

'목차'

이번에는 가장 중요한 목차를 통해서 책의 내용이 무엇인지, 책의 내용이 자신이 원하는 내용을 담고 있는지, 책을 읽는 목표와 맞는지를 살펴봐야 한다.

목차 속에는 그 책의 모든 내용이 요약된 제목이 작은 주제부터 큰 주제까지 담겨 있다. 저자 입장에서는 자신이 책을 쓰는 내용의 전체 개요를 목차 속에 넣어 두게 된다. 또한 목차를 통해서 그 책이 어떤 내용으로 구성되어 있는지, 그리고 전체적으로 어떻게 서로 연결되고 관계되어 있는지를 알려 주고자 한다.

책의 목차 속에는, 첫 번째, 그 책이 어떤 내용으로 구성되어 있는지가 담겨 있다. 두 번째, 그 책이 책의 제목에 맞게 어떤 구성으로 되어 있는지가 담겨 있다. 세 번째, 그 책의 각 단원들이 어떤 로직으로 배치되어 있는지가 담겨 있다. 네 번째, 각 단원들이 서로 어떤 연관성을 가지고 연결되어 있는지가 담겨 있다.

목차 속에는 책의 내용과 관련하여 이런 내용들을 담고 있기 때문에 책의 내용을 전체적으로 파악할 수 있는 가장 좋은 부분이다. 그래서 목차를 통해서 책의 내용이 무엇이고, 자신이 책을 읽는 목표에 맞는지를 파악해 볼 수 있다.

'프롤로그'

앞에서 말한 책 제목과 목차를 살펴보았을 때도 읽고자 하는 책이 자신의 목표에 맞는지를 분별할 수 없을 때, 추가적으로 프롤로그를 통해 분별해 보는 것이 필요하다. 나도 3권의 책을 써 보았지만 저자는 자신이 쓴 책이 어떤 내용을 갖고 있고, 무엇에 중점을 두고 책을 썼으며, 독자들이 꼭 알아주었으면 하는 포인트가 무엇인지 알려 주고 싶어 한다. 저자 입장에서는 중요한 부분이고 독자 입장에서도 책을 읽기 전에 알아 두면 상당히 도움이 되는 내용이다.

이러한 내용들을 저자는 책의 앞 부분에 '프롤로그'라는 이름으로 별도로 구별해서 작성하게 된다. 그래서 프롤로그에는 보통 '왜 이 책을 쓰게 되었는가?', '이 책의 핵심 내용이 무엇인가?', '저자가 독자들에게 알리고 싶은 것은 무엇인가?', '독자들이 이해를 해 주었으면 하는 이 책의 포인트는?' 등의 내용을 기록한다.

독자 입장에서는 저자의 이런 내용들을 알면 그 책의 핵심이 무엇인지를 이해하는 데 큰 도움이 된다. 그래서 책을 읽기 전에 자신이 책을 읽는 목표에 맞는 책인지를 이 프롤로그를 통해서 확인하는 것이 필요하다.

이와 관련하여 나의 개인적인 의견을 말하자면, 목표에 맞는 책인지를 찾아내는 데는 제목과 목차만으로도 거의 대부분 가능하다. 프롤로그는 읽는 데도 시간이 많이 걸리고, 도움이 되는 경우가 생각보다 많지 않다. 그래서 굳이 시간을 내서 프롤로그까지 필수적으로 파악할 필요는 없다고 생각한다.

다만 책의 제목과 목차를 통해서 이 책이 자신이 찾고자 하는 책이 맞는지를 판단하기 애매할 때나 저자의 생각까지 알고 싶은 경우에 프롤로그를 읽어 보면 도움이 될 것이다. 이렇게 책 제목, 목차, 프롤로그를 검토해 보면서 내가 찾고자 하는 것이 있는지를 발견해 내야 한다.

좋은 책 만나기 3: Choose

세 번째는, 'Choose' 해야 한다.

좋은 책을 만나기 위해 해야 하는 3가지 동사 중에서 'Search' 와 'Find'는 기존의 독서법에서도 다루고 있는 내용이다. 반면에 'Choose'는 비즈니스 문제 해결 독서법에만 있는 내용이고 좋은 책을 만나는 데 있어서 가장 핵심적인 내용이다. 그렇다면 어떠한 책을 'Choose' 해야 하는지 알아보자.

:: 목표에 맞는 책 ::

독서 목표를 달성하기 위해서는 목표에 맞는 책을 선정하는 것이 중요하다. 비즈니스 관련 독서를 하는 경우, 독서의 최종 목표는 대부분 '어떤 문제를 해결'하는 것이다. 즉, 독서를 통해서 자신의 현재 비즈니스 문제를 해결하고 싶어 하는 것이다. 그래서 독서를 통해 목표를 달성하기 위해서는 책 속에 독서의 목표에 맞는 내용이 담겨 있어야 한다. 우리는 목표에 맞는 문제 해결을 위한 방안을 찾기 위해 독서를 한다. 독서를 효과적으로 해야 목표를 달성하는 데 도움이 되기에 독서를 잘하는 법에 대해 관심을 가지고 시간과 돈을 들여 배우고자 한다. 그런데 목표를 달성하기 위해서 먼저 생각해야 할 것이 독서를 잘하는 방법 이전에 '목표 달성에 도움이 되는 내용이 담겨 있는 도서를 찾아내는 것'이다.

그러나 현실적으로 목표를 달성하기 위한 독서와 관련해서 '독서하는 방법'에 관심을 많이 두더라도 목표 달성에 도움이 되는 책을 찾는 것의 중요성을 인식하고 있는 경우가 생각보다 많지 않다.

그렇다면 왜 책을 읽기 전에 책의 내용이 자신이 원하는 내용이며 목표에 맞는 내용인지를 파악하는 것이 필요할까?

독서 후 후회하지 않으려면

첫째는, 책을 그냥 다 읽고 난 후에 그 책을 읽은 것을 후회하는 일을 피할 수 있기 때문이다. 이 책이 자신의 비즈니스에 도움이 될 것 같아 어려운 시간을 쪼개서 책을 읽었는데, 내용 중에 비즈니스에 도움이 될 만한 내용을 얻은 것이 적거나 없다면 시간을 들여 책을 읽은 것이 아깝고 아쉬울 것이다. 아니, 후회될 것이다.

그런데 책을 읽기 전에 자신이 찾고 있었던 필요한 내용으로 책 읽는 목표에 맞는 내용이 담겨 있는지를 사전에 확인하고 파악한 후에 읽게 되면, 책을 읽은 것이 아깝거나 후회되는 일들을 피할 수 있다.

원하는 문제 해결을 위해

둘째는, 읽어야 할 책이 책을 읽는 목표의 어느 부분에 해당하는지를 파악하는 것이 필요하기 때문이다. 앞에서 잠깐 언급했지만, 한 권의 책을 읽고 자신의 비즈니스 문제를 모두 해결하는 사례는 매우 드문 일이다. 그래서 일반적으로는 몇 권의 책을 읽으면서 각 책에서 부분적으로 해결책을 찾아서 전체 문제를 해결하는 형태가 되는 것이 보통이다.

따라서 자신이 읽으려고 하는 책이 자신이 해결하려고 하는 문제의 어느 부분에 도움이 되는지를 아는 것이 필요하다. 이를 알아야 사전에 파악하여 문제 해결을 오판하지도 않게 되고, 하지 말아야 할 기대도 하지 않게 되는 것이다.

책을 읽는 집중도를 높여라

셋째는, 책 읽는 목표에 맞게 집중해서 읽을 수 있기 때문이다. 만일 지금 읽는 책이 자신의 비즈니스에 도움이 되지 않는다는 생각을 하고 읽는다면 독서하는 동안 무슨 생각이 들까? 그리고 자신이 읽는 책이 어떤 점에서 자신의 비즈니스에 도움이 되는지를 알지 못한 채 읽는다면, 무슨 생각을 하면서 책을 읽게 될까?

두 가지 경우 모두 책은 읽지만 그다지 재미가 느껴지지 않거나 시간이 아깝게 느껴져서 책을 읽는 집중력이 떨어질 것이다. 그래서 책을 읽기 전에 그 책의 내용이 나에게 무슨 도움을 주며, 더 나아가서 그 책의 내용이 자신의 비즈니스의 어느 부분에 도움을 주는지를 파악해서 읽어야 한다. 그렇게 할 때 책을 읽는 집중력이 높아질 것이다.

: : 목표에 대한 답을 줄 수 있는 책 : :

앞에서 설명했듯이 좋은 책을 만나기 위해서는 우선 책을 읽는 목표에 맞는 책을 찾아야 하고, 그다음에는 목표에 맞으면서 비즈니스 문제 해결과 성과 연결에 도움이 되는 내용이 담겨 있는 책을 찾아야 한다.

책을 선정할 때, 책 목차 속에 무엇이 들어 있는 책을 찾아야 할까? 사실 어떤 책이 자신이 알고 싶어 하는 내용을 가지고 있는 책인지를 파악할 때, 그 책 속에 무슨 내용이 담겨 있는지가 아마 가장 중요한 판단 기준이 될 것이다.

보통 자신이 읽을 만한 책을 목차를 통해 검토·파악하면서 관심을 가지게 되는 경우는 다음의 경우가 될 것이다.

1) 자신의 비즈니스에 그냥 도움이 될 만한 내용이라고 생각되는 부분이 목차에 있을 때
2) 자신이 비즈니스를 하면서 관계된 각 분야별로 도움이 될 것이라고 생각되는 내용이 목차에 있을 때
3) 자신의 현재 비즈니스 문제 해결에 도움이 되는 내용이 목차에 있을 때
4) 자신의 현재 비즈니스 문제 해결에 답(솔루션)을 제공하는 내용이 목차에 있을 때

이 네 가지 경우 중에서 어떤 것이 가장 바람직한 것일까? 아마도 4번의 경우일 것이다. 비즈니스 관련 독서를 할 때 그 책을 통해서 도움을 받고 싶은 목적으로 읽는 것은 당연하다. 그리고 실제로 읽은 책을 통해서 도움을 받았다면 그 책 읽기는 나름대로 충분히 의미가 있다. 그렇지만 더 좋은 경우는 그 책을 통해서 자신의 현재 비즈니스 문제를 해결할 수 있는 솔루션을 찾는 경우이다.

그래서 '가장 좋은 책'은 4번의 경우를 말하는 것이다. 이렇듯 비즈니스에서 자신의 주제를 해결하기 위해서 책을 선택할 때의 기준점은, 선택하려고 하는 책이 해결하고자 하는 주제와 관련해서 문제 해결을 도와줄 수 있는 솔루션을 가지고 있느냐 하는 점이다.

그러나 여기서 한 가지 문제점이 있는데, 책을 읽으면서 자신의 비즈니스에 도움이 되는 것을 넘어서 솔루션을 찾는 것까지 되는 것이 결코 쉽지 않다는 것이다. 어떤 책을 읽고 자신의 비즈니스 문제를 해결할 수 있는 솔루션을 찾는다면 얼마나 좋겠는가?

책을 읽고서 도움을 받는 것은 일반적으로 가능하다. 그러나 책을 읽고서 문제 해결의 솔루션을 찾는 것은 그리 쉽지 않다. 실제로 책을 통해서 자신의 비즈니스 문제를 해결한 적이 얼마나 있었는지를 생각해 보라. 아마도 그런 경우가 없었거나 있어도 극히 적을 것이다.

한 권의 책을 통해서는 자신의 비즈니스에 도움이 되는 내용을 얻을 수 있지만, 한 권의 책을 통해서 자신의 비즈니스 문제를 해결하기는 드물기 때문이다.

Search에서 Find, Choose까지 적용한 사례

얼마 전에 사내에서 직원들과 함께 독서 모임을 진행하면서 온라인에서 고객을 유입시키는 방법과 유입된 고객을 구매로 전환시키는 방법, 구매한 고객을 재구매로 연결하는 방법에 대해 비즈니스 문제 해결 독서법을 적용하였다.

그 결과, 비즈니스 문제 해결 독서법을 통해 방안을 찾고, 실제로 업무에 적용하여 온라인 매출을 올린 경험을 하였다. 이 과정을 겪는 동안 직원들은 자신들 현업의 해결하고 싶은 문제를 독서를 통해 해결할 수 있다는 것을 경험하게 되었고, 그 결과를 보면서 자발적으로 독서 모임에 더 열심을 내는 모습을 볼 수 있었다.

반면에 온라인에서 단순히 상품을 구매하는 형태로 상품 하나하나를 파는 것이 아니라 크라우드 펀딩으로 한 번에 수천만 원씩 매출을 올릴 수 있는 형태로 판매를 해야 할 경우가 있었다. 이런 경우에는 상품의 강점을 고객이 공감할 수 있게 효과적으로 전달하는 것이 매우 중요하다.

그런데 외부의 전문 인력을 아웃 소싱해서 감당하다 보니 어려움이 생겼다. 그 내용은 직원들이 가장 잘 아는데, 그것을 전문가를 통해 구현하려고 하니 원하는 수준으로 결과를 뽑기가 어려웠던 것이다.

그래서 직원들 스스로가 유입된 고객을 구매 고객으로 전환시키는 것을 매출의 핵심 요소로 정하고, 이때 구매를 일으키게 하는 자신들만의 핵심 베네핏을 고객에게 설득력 있게 전달하기 위한 콘셉트에 대해 알아야 한다는 판단을 했다. 이에 직원들은 독서 모임 다음 주제를 '콘셉트'로 정했다.

그리하여 직원들이 그에 관한 책들을 온라인 서점에서 'Search' 하였고, 괜찮다고 생각하는 책들을 'Find' 하여, 그중에서 가장 자신들의 목표에 맞는 책을 'Choose' 하고, 구매해서 10권 정도의 책을 독서 모임에서 읽어야 할 책 선정의 후보로 올리게 되었다.

그 책들을 직원들끼리 의논하여 자신들의 목표에 맞는 책을 골라서 나에게 보여 주었다. 그래서 직원들이 찾고 싶은 내용과 책의 내용을 비교하면서 검토를 조금 더 깊게 해 보니, 후보로 올라온 책들 속에는 직원들이 알고 싶은 내용의 근사치는 담겨 있어도 정말 알고 싶은 내용은 담겨 있지 않았다. 결국 그 책들은 독서 모임 최종 독서로는 선정되지 못했다.

그렇게 3주 정도에 걸쳐 책을 찾다가 결국 내가 제안하는 책을 검토한 후, 그 책이 자신들이 알고 싶은 내용에 대한 가장 가까운 답이 담겨 있다고 판단하여 독서 모임 책으로 결정하게 되었다. 이렇듯 업무 현장에서 직원들의 필요를 채우려는 비즈니스 문제 해결 독서 모임에서 한 권의 책을 선정하는 데 많은 시간과 노력을 많이 투입하였다.

그런데 만일 직원들이 선정해 온 책으로 독서 모임을 했다면, 많은 시간을 들여 독서하고 정리했더라도 원하는 결과를 얻지는 못하고 근사치에 대한 답을 얻게 되었을 것이다. 그 결과 원하는 솔루션을 찾지 못했기에 또 다른 책을 통하여 추가 시간을 들여 독서 모임을 더 해야 했을 것이다.

솔루션이 담긴 책 선정이 중요한 이유

이처럼 자신의 문제에 대해 답을 제공해 줄 수 있는 좋은 책을 만나기란 쉬운 일이 아니다. 그러나 정확한 접근을 통하여 문제 해결에 솔루션을 제공해 주는 좋은 책을 찾을 수 있다면, 그만큼 문제 해결도 빨라지고 솔루션이 없는 책을 읽는 데 더 이상의 시간을 사용하지 않아도 된다.

우리가 비즈니스 독서를 하면서 마음속에서 진짜 원하는 것은 독서를 통해 도움을 받는 정도가 아니라 문제 해결의 솔루션을 찾는 일이다. 그런데 솔루션 관련 내용이 한 권의 책 속에 있는 경우가 적기 때문에 여러 권의 책을 읽되 '알고 싶은 내용 목차' 항목이 다 채워질 때까지 읽어야 되는 것이고, 그렇게 여러 권 속에 흩어져 있는 솔루션 관련 내용들을 알고 싶은 내용 목차에 맞게 모아서 차례대로 정리해야 솔루션에 관한 내용을 모아 볼 수 있게 된다.

이런 과정을 거쳐야 솔루션에 관한 내용을 모을 수 있는데, 이것이 그냥 책을 읽는 행위를 통해서만 이루어질 수 있는 것이 아니어서 기존의 독서를 하는 방법, 즉 기존의 책을 읽는 방법에 변화가 필요한 것이다.

'즉, 여러 권의 책을 읽고, 필요한 내용을 골라내서, 알고 싶은 내용 목차에 채워 넣고, 정리하는 추가 작업이 있을 때 가능해지는 것이다.'

다시 말하면, 비즈니스 문제 해결과 관련된 솔루션을 찾고자 할 때는 책을 읽는 것만으로는 안 되고 그 이후에 여러 추가 작업이 있어야 가능하다는 것이다. 책을 읽는 것은 특별한 훈련이 없어도 가능하지만, 책을 읽고 난 후에 진행하는 추가 작업에는 어느 정도의 훈련과 노력이 필요하다.

우리가 비즈니스를 하면서 얻고 싶은 성과는 책 읽기만을 통해서가 아니라 이러한 추가 작업을 여러 단계에 걸쳐서 진행할 때 얻어진다. 이렇게 목표를 가지고 책을 읽고 그 이후에 추가 작업을 통해서 성과와 연결되게끔 하고자 하는 것이 '비즈니스 문제 해결 독서법'이다. 그래서 비즈니스 문제 해결과 관련하여 어떤 책을 읽어야 할지 판단할 때는 자신이 해결하고 싶은 주제와 연결해서 그것을 해결해 줄 수 있는 솔루션이 담긴 책을 선정하는 것이 중요하다.

:: 성과로 연결될 수 있는 책 ::

목표에 대한 솔루션을 제공할 수 있는 내용을 찾았다면 그것만으로도 훌륭한 독서이지만, 더 나아가서 그 내용이 문제 해결과 함께 성과로 연결될 수 있다면 독서를 통해 얻을 수 있는 최상의 결과가 될 것이다. 그래서 가장 좋은 것은 문제 해결과 성과로 연결될 수 있는 정도의 내용이 담긴 책을 선택해서 읽는 것이다.

100%는 아니더라도 성과에 어느 정도 도움을 줄 수 있다면 그 책은 자신의 사업과 업무에는 좋은 책이라고 할 것이고, 그것을 넘어서 성과로 연결될 내용을 담고 있는 책이 있다면 이런 책은 꼭 찾아서 읽어야 한다.

책 제목	내 목표와 얼마나 맞는가?	내가 찾고 있는 '답'이 있는가?	합계 점수

10점 기준으로 점수부여 한다

 최종 책 선정

책 제목	내 목표와 얼마나 맞는가?	내가 찾고 있는 '답'이 있는가?	합계 점수
H 사업계획서의 정석	1	1	2
A 간결한 사업계획서	1	1	2
S 연간 사업 계획	5	6	11
연간 사업 계획 수립 & 그 후 실행관리	8	8	16

10점 기준으로 점수부여 한다

 최종 책 선정   연간 사업 계획 수립 & 그 후 실행관리

책의 내용을 성과로 연결하는 또 다른 방법

읽은 책의 내용을 성과로 연결하는 또 한 가지 방법이 있다면, 성과를 내는 데 필요한 흩어져 있는 지식과 정보를 잘 모으는 '정리 작업'을 잘하는 것이다. 흩어져 있는 지식과 정보를 목표에 맞게 모으는 작업은 의외로 쉽지 않다. 그리고 시간도 많이 걸린다. 그래서 독서한 것을 성과로 연결하는 데는 시간과 노력이 들어간다. 그것도 적지 않은 시간과 노력이 필요하다. 성과를 얻기 위해서는 이렇게 투입되는 시간과 노력이 필요하다는 것을 인식해야 한다.

그런데 사람들은 이 과정을 되도록 간단하고 짧게 하고 싶어 한다. 그래도 마음속으로 생각해 보자. 성과라는 것이 과연 적은 노력, 짧은 시간으로 찾아질 수 있는 것인지. 적지 않은 노력과 시간이 투입되는 과정이 필요함을 기억해야 한다.

'좋은 책을 만난다는 것 = Search + Find + Choose'

결국, '좋은 책을 만난다는 것'은, 내가 해결하고자 하는 비즈니스 주제나 문제를 해결하는 데 도움을 줄 뿐 아니라 그것을 넘어서 솔루션까지도 줄 수 있는 책을 서치 하고 찾아내서 선택하는 작업(Search + Find + Choose)을 한다는 것을 의미한다.

3

목표를 달성할 수 있게
책을 읽는 법

비즈니스 문제 해결 독서법의 세 번째 단계는 목표를 달성할 수 있게 하는 책 읽기 방법이다. 앞의 과정을 통해서 목표에 맞는 책을 선택했다면 이제는 그 책을 '어떻게 읽어야 할 것인가?'를 생각해 봐야 한다.

기본적으로 비즈니스 문제 해결 독서법은 목표 지향적인 독서법이다. 목표를 정하고 그 목표에 맞게 책을 읽어서 원하는 내용을 찾아내어 실제 문제에 적용해서 도움을 받아 해결하는 것이다. 그래서 비즈니스 문제 해결 독서법을 통해서 독서를 할 때는 다음과 같은 방법으로 책을 읽어야 한다.

: : 목표를 가지고 읽어라 : :

비즈니스 관련 책을 읽을 때는, 그 책을 읽는 이유가 있을 것이다. 분명 그 책을 통해서 얻고 싶은 것이 있을 것이고, 그렇게 얻은 내용을 가지고 비즈니스에 도움이 되도록 하여 문제를 해결하고 싶을 것이다. 즉, 목표를 가지고 책을 읽게 된다.

이때 책을 읽는 목표가 명확하게 잘 정리되어 있을수록 목표에 맞는 내용을 찾아내고 발견해 내는 것이 보다 수월해지고 풍성해진다. 비즈니스 문제 해결 독서법의 핵심은 목표를 가지고 읽는 것이다.

: : 필요한 것만 읽어라 : :

앞의 1부에서도 얘기했듯이 사람들은 일반적으로 책은 처음부터 끝까지 읽어야 하고, 빨리 읽는 것이 좋고, 여러 권 읽는 것이 좋다는 등 독서에 대해서 갖고 있는 기본적인 선입견이 있다.

그렇지만 비즈니스 목적으로 책을 읽을 경우 성과를 내기 위한 독서는 빨리 읽고, 여러 권 읽고, 처음부터 끝까지 읽는 것도 다 좋지만 기본적으로 책을 읽고 원하는 목표를 달성하고 성과로 연결 짓는 것이 가장 중요하다. 따라서 목표에 맞는 내용, 즉 필요한 것만 읽는 게 좋다.

책을 처음부터 끝까지 다 읽지 않는다고 해서 괜히 책을 안 읽은 것처럼 생각할 필요가 없다. 책을 읽고자 하는 기본 목표와 출발 의도가 다르기 때문이다. 앞에서 목차를 잘 작성하는 것이 중요하다고 얘기했는데, 목차를 잘 작성해야 하는 이유 중의 하나가 필요한 것만 골라서 읽기 위함이기도 하다.

목표를 가지고 읽는 독서에서는 '필요한 것만 읽는 것'이 중요하다. 그 '필요한 것'이 바로 내가 그 책을 통해서 알고 싶은 내용이기 때문이다. 목표에 맞는 목차를 잘 작성해 필요한 것을 잘 찾아서 읽는 것은 여러 권의 책을 동시에 읽거나 주제별 문제 해결을 위한 독서에 아주 효과적이고 유용한 방법이다.

기존에 있던 선입견을 내려놓고 필요한 것만 골라서 읽는 것을 통해 양보다 질을 얻을 수 있는 독서로 나아가는 것도 시간 대비 효율적인 방법이다.

:: 목차와 비교하면서 읽어라 ::

목표로 정한 내용을 목차로 만든 뒤 필요한 것만 읽어 나가면서 내가 읽고 있는 내용이 앞에서 작성한 목차의 어느 부분에 해당되는 내용인지를 체크하면서 읽는다.

앞에서 작성한 목차는 한번 작성하면 절대 고칠 수 없는 것이 아니라, 필요하면 언제든지 고칠 수 있다. 목차는 내가 알고 싶은 내용이나 해결하고 싶은 문제와 관련해서 전체적인 지도와 같은 역할을 한다.

그렇기 때문에 책을 읽으면서 '내가 지금 이 책을 통해서 어떤 부분의 내용을 찾아서 읽고 있구나!'라는 판단이 필요하며, 더불어 부족한 부분이 어디인지 확인해 나가야 한다.

: : 목표에 맞는 내용을 찾을 때까지 읽어라 : :

비즈니스 관련 독서는 목표를 정해서 그에 맞는 것을 찾아내고, 자신이 원하는 것을 얻기 위해서 하는 것이다. 그런데 독서를 하다 보면 자신이 원하는 내용을 다 찾지 못할 때가 있다.

예를 들면, '콘셉트를 어떻게 만들 것인가?'라는 주제로 독서를 할 때에 몇 년이 지나도록 내가 알고 싶은 '콘셉트 만드는 법'을 알아내지 못할 때가 있었다. 왜냐하면, '콘셉트 만드는 법'을 해결해 줄 수 있는 적당한 책, 좋은 책은 내 기준에서는 발견하지 못했기 때문이다. 콘셉트 관련 책을 여러 권 사서 읽어 보아도 내가 알고 싶어 하는 내용을 알 수 있게 가이드해 주는 내용을 가진 책을 내 기준에서 만나기가 어려웠다.

이럴 때는 내가 알고 싶은 내용을 책을 통해서는 알기가 어렵게 된다. 그렇게 되면 그 주제에 관한 것이 내 기억 속에서 슬그머니 사라져 가게 마련인데, 이때 이것을 놓치면 안 된다.

자신이 해결하고 싶은 주제가 있고 그것을 중요하게 생각한다면, 자신이 원하는 주제의 내용을 찾을 때까지 멈추지 말고 계속 책을 찾아 읽으라고 꼭 말해 주고 싶다. 그동안의 경험을 보면, 이렇게 자신이 원하는 주제의 내용을 모두 알게 될 때까지 지속적으로 책을 찾고 읽는 사람은 많지 않았다.

그래서 이렇게 끝까지 자신이 알고 싶은 내용을 찾아낸 사람들은 다른 사람들이 아직 찾아내지 못한 내용을 갖게 됨으로써 문제를 해결하거나 더 나은 방법으로 사업이나 업무를 발전시킬 때 더 유리한 입장에 서게 되고 새로운 기회를 찾아내게 된다.

내가 처음 책을 쓸 때도 마케팅에 관한 책이었는데 결과적으로 5년 4개월의 시간이 걸렸었다. 그 이유는 내가 원하는 내용이 책의 내용으로 구성될 때까지 공부하고 보강하고 새로 쓰는 과정을 지속했기 때문이다.

마케팅 책은 기존에 마케팅 관련 전공한 사람도 많고 이미 전 세계적으로 무수히 많은 책이 있기에 일단은 이론적으로 문제가 있어서는 안 됐다. 그렇기에 책꽂이 한 개 분량의 마케팅 관련 책이나 자료를 모아서 읽고 정리해 보았고, 내가 말하고 싶은 내용도 몇 번이고 수정하면서 시간을 가지고 다듬었다. 그리고 내가 작성했던 목차의 내용으로 수준이 채워졌을 때, 비로소 출판을 결정할 수 있었다.

비즈니스적 성과를 내는 목표를 가진 독서는 가능하면 자신이 정해 놓은 목표를 달성할 수 있을 때까지 관련된 책을 찾고 모아서 읽고 정리해 내는 열정과 노력이 필요하다.

:: 표시를 하면서 읽어라 ::

비즈니스 문제 해결 독서법에서는 한 권의 책만을 읽는 경우도 있지만, 해결하고 싶은 목표 주제와 관련해서 한 권으로 다 해결할 수 없을 경우 여러 권의 책을 읽어야 할 때가 많다.

이때 자신이 읽고 있거나 읽은 책의 내용이 목표 목차의 어느 부분에 해당되는지를 표시해 놓아야 목차를 중심으로 정리할 때 목차에 맞는 내용을 여러 권의 책에서 골라내 목차에 맞게 정리할 수 있다.

그래서 책을 읽으면서 기억을 하고 어떤 내용이 어디에 있는지를 찾기 쉽게 하려면 책에 표시를 하면서 읽는 것이 필요하다.

목차의 어느 부분에 해당되는지 표시하기

책을 읽으면서 관심 있는 내용에 밑줄을 치되, 목차의 어느 부분에 해당되는지를 표시해 둔다.

목차를 만들어서 그것에 맞는 내용을 찾아 책을 읽다 보면 목차에 맞는 내용들이 이 책 저 책에 흩어져 있거나 같은 책 안에서도 흩어져 있는 경우가 있다. 그래서 그냥 밑줄만 쳐 놓고 지나가면, 나중에 목차에 맞는 내용을 찾을 때 힘들어진다.

따라서 밑줄을 치는 것도 중요하지만, 그 내용이 목차의 어느 부분에 해당되는지를 표시해 두는 것이 꼭 필요하다. 책을 읽으면서 표시하는 여러 방법들은 다른 책에서도 많이 소개되고 있으니 참조하면 좋을 것이다.

밑줄과 함께 떠오르는 아이디어 적기

밑줄 친 부분에서 생각난 것, 깨달은 것, 적용할 것 등을 적어 둔다. 책을 읽다 보면 괜찮은 내용에 밑줄을 그으면서 보게 된다. 그때 떠오르는 아이디어가 있을 것이다. 이때 '이런 내용을 다음에도 기억할 수 있겠지.' 하고 지나간 뒤 다음에 기억이 나질 않아 곤란했던 경험들이 있을 것이다.

그래서 책을 읽으면서 괜찮은 내용에 밑줄을 긋는 것도 중요하지만, 그때그때 떠오르는 생각들을 밑줄 친 주변에 적어 놓는 것이 필요하다. 이때 적어 놓은 생각들은 '이런 생각을 정말 내가 한 건가?' 싶을 정도로 좋은 내용이 있을 때가 많다. 따라서 책의 빈 공간에 적거나 포스트잇에 적어서 해당 페이지에 붙여 놓아 떠오른 좋은 생각과 아이디어를 함께 관리하는 것이 좋다.

컬러별 스티커로 목차 표시하기

목차에 맞는 내용을 여러 가지 컬러의 스티커로 표시해 둔다. 자신이 읽고 있는 내용이 목차의 어느 부분에 해당되는지를 구별할 수 있게 표시해 두게 되면, 책의 내용을 정리하거나 목차의 항목에 맞는 내용을 찾을 때 바로 찾을 수 있어서 편리하다.

보통은 이런 경우에 책을 접거나 색을 많이 사용해서 밑줄을 치는데, 개인적으로는 이런 것을 별로 좋아하질 않아서 그런 표시를 컬러별 스티커나 포스트잇을 사용해서 표시를 해 왔었다.

예를 들면, 목차의 큰 구성을 볼 때 큰 항목이 다섯 개라고 하면 각 큰 항목마다 책에 붙이는 스티커 컬러를 지정해서 1번 항목은 그린, 2번 항목은 블루와 같이 정한다. 이후 자신이 읽는 책의 내용이 2번 큰 항목에 해당되면 그곳에 블루 스티커를 붙여 두면 다시 책을 펼쳐서 볼 때 블루 스티커가 붙어 있는 곳에는 2번 큰 항목 내용이 있어서 찾기 쉬울 뿐 아니라 책도 깨끗하게 관리할 수 있게 된다.

중요한 것은, 자신이 읽는 책 내용이 목차의 어느 부분과 관련이 있는지를 표시해 놓는 것이다. 이 부분은 다른 방법으로도 가능하다면 그렇게 진행해도 무방하다.

비즈니스 문제 해결 독서법을 할 때의 표시는 두 가지를 주로 사용하면 좋을 것이다. 하나는 관심 있는 내용에 밑줄을 치는 것이고, 둘째는 그 내용이 목차의 어느 부분에 해당되는지를 컬러별 스티커나 포스트잇으로 표시해 놓는 것이다.

:: 하루에 20분씩 책을 읽자 ::

주변에서 찾아봐도 독서를 습관으로 하는 사람은 찾아보기 힘들다. 또한 한 달에 한 권 읽는 사람도 만나기가 쉽지 않은 것이 현실이다. 바쁜 생활 속에서 시간을 따로 떼어 내서 독서를 하기란 쉽지 않다.

반면에 오늘이 아닌 내일에 자신이 더 성장하고 더 나은 위치에 가고 싶어 하는 것은 거의 모든 사람의 희망 사항이다. 그런데 성공한 사람 중에 독서를 중요시하지 않았던 사람 또한 거의 찾기 힘들다.

성공한 사람들의 대다수는 독서를 습관으로 가지고 있었다. 빌게 이츠는 지금도 새벽에 일어나서 독서를 한다고 하지 않는가? 내일에 더 성장하고 더 나은 위치에 가고는 싶은데, 성공하는 사람들이 꼭 하고 있는 독서를 하고 있지 않다면 이 또한 모순이지 않을까?

성장하고 싶은가? 미래에 오늘과 다른 위치에 있고 성공이라는 결과를 얻고 싶은가? 그렇다면 독서를 멀리해서는 안 된다.

오늘의 내 사업과 업무에서 변화를 가져오고 좋은 결과를 얻고 싶은가? 이것을 위해서 누군가로부터, 전문가로부터 지도를 받고 배움을 받고 싶은가? 이런 사업체도, 사업가도, 직장인도 독서를 멀리해서는 안 된다.

그런데 독서를 하는 것이 좋다는 것을 또한 모르는 사람도 거의 없을 것이다. 알고는 있는데 잘되지 않는 것이다. 알고는 있는데 책보다는 휴대폰을 먼저 보게 된다.

그래서 한 가지 제안을 해 본다. 하루에 20분만 책을 읽어 보면 어떨까? 그 책도 자신이 관심 있고 사업과 업무에 도움이 되는 책 위주로, 책을 읽을 때도 처음부터 끝까지 다 읽는 것이 아니라 필요한 것만 읽는 방식으로 하루에 딱 20분씩만 읽어 보자. 나도 그렇게 시작했고, 직원들도 그렇게 시작했고, 내가 가르치는 CEO나 학생들도 그렇게 시작했다.

"나는 원래 책 읽는 것을 좋아하지 않았다. 20대 때 몇 권 읽었는지 손에 꼽을 정도였다. 책을 읽어도 크게 변하는 것도 없었고, 책을 읽는 과정도 재미없었다. 그러다가 하루 20분 책 읽기를 시도해 보게 되었다. 그리고 '처음부터 끝까지 다 읽지 말고 필요한 것만 읽으라'는 얘기를 들어서 들은 대로 해 보았다. 크게 부담 가지는 않았다. 필요한 것만 읽으니 나에게 도움이 되는 내용들이라 재미있었다. 하루 20분이니 해 볼 만했다. 그렇게 일주일을 했더니 책 한 권을 읽었다. 마음이 뿌듯했다. 또 읽고 싶어졌다. 그리고 전에는 책을 읽고 나면 기억에 남는 것이 거의 없었는데, 이번에는 나에게 필요한 부분만 읽다 보니 필요한 내용은 기억에 남았다. 이것도 좋았다."

이 글은 실제로 하루 20분 독서를 실행한 사람의 이야기이다. 그리고 저자가 진행하는 독서 모임에 나오는 사람들도 이렇게 하루 20분 독서를 하고 있다. 그렇게 읽은 책들을 독서 모임에서 나누고 있다.

어느 기업체 사장님도 그 직원들에게 이것을 적용해 보았더니 처음에는 직원들이 독서에 대해 부담감을 느꼈지만 하루 20분 독서는 크게 부담을 느끼질 않아서 지금은 전체가 하고 있다고 한다.

하루 20분 독서는 크게 부담이 되질 않는다. 하루 20분이라고 했으니 오전에 10분, 오후에 10분을 읽어도 좋다. 하루 20분 독서를 일주일 동안 진행하면 140분, 즉 2시간 20분! 책을 처음부터 끝까지 다 읽는 것이 아니라 필요한 것만 읽는 것이니, 2시간 20분이면 일주일에 한 권 정도는 가능해진다. 만일 일주일에 일요일 하루를 쉬고 읽어도, 한 주에 2시간 정도의 독서가 가능하다. 그 정도면 책 한 권 읽기가 가능할 것이다.

그리고 이렇게 독서를 한 후에 공통적으로 하는 이야기가 있다.

"읽은 책의 내용이 일주일이 지나도 기억에 남아요."

자신에게 필요한 내용을 정하고 그것만 찾아서 읽으니 목표로 하는 문제 해결에 도움이 되고, 그것을 통해 실제로 도움을 받거나 문제 해결에 적용할 수 있으니 그 내용을 기억하게 된다는 것이다. 비즈니스 독서의 시작을 크게 부담 갖지 말고 하루 20분 독서로 시작해 보자!

비즈니스 문제 해결 독서법 3단계 진행 시 주의할 점

지금까지 설명한 비즈니스 문제 해결 독서법의 읽는 방법을 정리해 보자면, 목표를 가지고 읽어야 하며, 목차와 비교하면서 그에 맞는 내용 위주로 필요한 것만 읽어야 한다. 또한 책을 읽는 목표에 맞는 책의 내용에 표시를 해서 정리할 때 목차와 연결할 수 있게 하는 것이다. 그리고 하루에 20분씩 독서를 통하여 꾸준히 독서를 부담 없이 함으로써 습관을 들이는 일이 필요하다는 것이다.

그런데 이때, 주의해야 할 점이 있다.

'책을 읽는 과정에서도 계속해서 목표를 생각하며 읽어야 한다.'

얼마 전에 직원들과 독서 모임을 하면서 직원들이 각각 목표를 정하고 읽었는데, 책의 내용을 목표와 연결해서 질문을 했더니 전혀 답변을 하질 못하였다. 왜 그럴까? 생각을 하고 질문을 하며 대화해 보니 책을 읽는 과정에서 목표를 생각하지 않고 그냥 책을 읽었기 때문임을 알 수 있었다.

처음에 목표를 정했다고 해도 책을 읽는 과정에서 책의 내용을 자신의 목표와 연결하려는 생각 없이 읽었으므로, 중간에 책을 읽기는 해도 그 내용이 무엇과 관련이 있는지를 모르게 되어 방향을 잃어버리고 만 것이다. 그 결과, 그 책을 통해서 자신이 얻고자 했던 것을 얻지 못하게 된 것이다.

처음에 목표를 정하고 책을 읽기 시작했으면, 책을 읽어 가는 과정에서도 계속해서 목표를 생각하며 읽어야 한다. 이것이 빠지게 되면 기존의 독서법과 다를 것이 없게 된다.

비즈니스 문제 해결 독서법이 재미있는 이유

비즈니스 문제 해결 독서법이 재미있고 유익한 것은 하루 20분을 읽는 과정에서도 전체 목표의 작은 주제에 대해서도 그것을 만족시키는 솔루션을 찾을 수 있다는 점에 있다.

20분 독서를 했는데 자신이 알고 싶었던 내용에 대한 작은 솔루션을 찾을 수 있으니 재미있고 유익하다고 느끼게 된다. 그렇게 되면 자신이 하루 20분 정도 시간을 투자했는데, 그 짧은 시간에 자신이 알고 싶었던 내용을 찾게 되므로 시간 대비 효율이 높아져 하루 20분 투자를 아끼지 않게 되고 스스로 자신의 시간을 더 투자하게 된다.

이것이 가능한 이유가 바로 책을 읽는 과정에서 목표를 생각하며 책을 읽기 때문이다. 책을 읽는 과정에서 목표와 연결 짓는 생각을 하기에 책을 읽는 과정에 해당하는 하루 20분 독서에서도 목표와 관련된 여러 주제에 대한 작은 답을 찾는 것이 가능해지는 것이다.

4
읽은 책 내용을
정리하는 법

비즈니스 문제 해결 독서법의 네 번째 단계는 읽은 책의 내용을 성과와 연결되게 정리하는 것이다. 앞에서 목표를 정하고 그에 맞는 좋은 책을 선별해서 정한 목표에 맞게 필요한 것만 읽는 방법에 대해 설명하였다. 이번에는 그렇게 읽은 책의 내용들을 정리하는 방법에 대해 알아보고자 한다.

: : '정리', 독서에서 왜 필요할까? : :

기존의 독서 방법에서는 책을 읽고 나서 보통 책을 읽으면서 깨달은 것을 적거나 그것을 적용하는 순서로 진행하였다. 그 결과, 읽은 내용을 정리하는 것이 생략되거나 정리하는 비중이 높지 않았다. 반면에 비즈니스 문제 해결 독서법에서는 읽은 내용을 '정리'하는 것에 강조를 많이 하고 비중도 많이 둔다.

만일 기존의 독서법으로 순수 문학 장르인 시(詩)를 읽었다면, 시를 읽고 정리하는 과정이 필요할까? 시를 읽고 느낀 것을 서로 나누는 것이 더 자연스러울 것이다. 소설을 읽더라도 소설을 요약해서 이해를 하는 과정이 얼마나 필요할까? 소설도 마찬가지로 읽고 느낀 소감을 나누는 것이 더 자연스러울 것이다. 기존의 독서법에서는 이와 같이 문학 책을 읽는 방법으로 비즈니스 관련 책을 읽고 느낀 것을 나누고 적용하는 형태로 진행을 했었다.

반면 비즈니스 문제 해결 독서법에서는 만일 '성공적인 신상품 개발'에 관한 책을 읽었다면 이것을 읽고 나서 느낀 점을 나눠도 좋겠지만, 책의 내용을 충분히 이해하고 소화하지 않은 상태에서 자신의 느낀 점을 바탕으로 적용하는 것이 사업과 업무 적용에 얼마나 도움이 되겠는가?

그보다는 오히려 많은 히트 상품을 기획해서 개발했던 신상품 개발 전문가인 저자가 알려 주는 내용이 무엇인지를 잘 읽어 보면서 이해하고, 각 세부 과정이 무엇인지를 파악해서 그 내용을 자신이 필요로 하는 목표에 맞춰 잘 정리하여, 전문가에게 배운 내용을 바탕으로 현업에 적용하는 것이 더 효과적일 것이다. 결국 기존의 독서법보다는 비즈니스 문제 해결 독서법을 통한 접근 방법이 현업에 적용하는 데 더 합리적이고 효과적인 접근이 될 것이다.

이렇듯 비즈니스 독서에서는 정리에 시간과 노력을 많이 투입하게 되는데, 이것이 기존의 독서 방법과는 크게 다른 점이라고 할 수 있다. 이제부터 그 방법에 대해 설명해 보도록 하겠다.

책을 정리할 때의 가장 중요한 포인트는 '내가 책을 왜 읽는가?'이다. 다시 말하면, 책을 읽는 목표를 기억하는 것이다.

:: 읽은 책의 내용을 정리하는 방법의 종류 ::

읽은 책을 정리할 때는, 기존의 방법인 저자가 쓴 내용을 요약해서 정리하는 방법과 저자의 내용을 정리함과 동시에 내 생각과 해석을 정리하는 방법이 있으며, 새로운 방법인 목표에 맞게 정리하는 방법이 있다.

저자의 생각을 요약, 정리하는 방법

첫 번째로, 내 생각을 제외하고 저자의 생각을 모아서 요약, 정리하는 방법이다. 이 방법은 책의 내용을 내 생각의 가감 없이 있는 그대로 정리하는 것이다. 내가 정리한 내용이 내가 읽은 책의 일종의 미니 북이 되는 정리법이다.

이 방법으로 정리를 하면, 책에 대한 저자의 생각과 의도를 이해하는 데 도움이 되는 반면에 저자의 생각만 읽을 때 한 번, 정리하면서 두 번 정리하는 꼴이 된다. 일반적으로 독서 후에 정리를 한다고 하면 이 방식으로 정리한 경우가 대부분을 차지한다.

자신의 생각과 견해를 함께 정리하는 방법

두 번째 방법은 기본적으로는 저자의 생각과 견해를 정리하면서 자신의 생각과 견해도 함께 정리해 나가는 방법이다. 이는 앞의 첫 번째 방법의 단점을 극복할 수 있는 방법이다. 어떤 사물과 개념을 이해하고 적용하기 위해서는 자기만의 언어로 정의하는 것이 필요하다. 이 두 번째 방법은 책을 읽고 내용을 정리하면서 저자의 생각과 견해와 함께 책에서 알게 된 내용과 관하여 자신만의 정의를 덧붙여서 정리하는 방법이다.

이 방식은 저자의 생각과 견해를 이해하고 받아들이는 것도 중요하지만, 자신이 책을 읽는 목표와 관련해서 자기만의 이해를 통해서 정리할 수 있는 방법으로 첫 번째 방법보다는 진보된 형식이라고 할 수 있다.

목표에 맞게 재편집하는 수준으로 정리하는 방법

세 번째 방법은 책을 읽을 때 자신이 알고 싶어 했던 목표에 맞게 책의 내용을 재편집하는 수준으로 내용을 정리하는 것이다. 책의 내용을 그냥 요약하거나 정리하는 것이 아니라, 그것을 넘어서 자신의 기준으로 책의 내용을 자신의 목표와 목차에 맞게 여러 책에서 그 내용을 가져와서 재편집 수준으로 재구성하는 것이다.

'책 한 권을 읽고 정리하는 경우'

예를 들어 박용후 저자의 『관점을 디자인하라』는 책을 읽으면서 내가 알고 싶었던 내용이 '올바른 관점을 갖는 방법'이었다면 내가 알고 싶어 하는 내용에 맞는 내용을 책의 전체에서 찾아서 앞뒤 내용을 뽑아 재구성하면서 책의 내용을 정리하는 것이다.

'여러 권의 책을 읽고 목표에 맞게 정리하는 경우'

내가 알고 싶었던 내용이 '올바른 관점을 갖는 방법'이라고 했을 때 그에 관한 내용을 3권의 책에서 찾게 되었다면 그 3권의 책 속에 있는 내용을 목차에 맞게 재구성하면서 정리하는 것이다. 이때는 자신이 알고 싶었던 내용을 나름대로의 논리적 연결성을 가진 목차로 만들어서 그 목차에 맞게 책의 내용을 재배치하여 재구성하는 방식이 필요하다.

세 가지 방법 중 가장 좋은 방법은?

이 세 가지 방법이 뒤로 갈수록 첫 번째 방법보다는 시간과 노력이 많이 들어가는 방법이긴 하나 정리되어 나오는 내용은 두 번째, 세 번째로 갈수록 더 좋은 내용이 되어 간다. 세 번째 방법으로 했을 때는 책을 정리한다고 하지만 어떤 면에서는 책을 재구성하는 정도의 노력이 들어갈 수 있는데, 이 방법으로 여러 권의 책을 읽고 정리하다 보면 저자의 내용을 활용해서 자신의 문제에 대한 솔루션을 찾을 수 있는 좋은 기회이자 방법이 될 수 있다.

그리고 자신이 알고 싶어 하는 내용을 찾기 위하여 여러 권의 책을 읽어서 세 번째 방법으로 정리해 가면, 자신이 원하던 알고 싶은 내용을 채울 수 있게 되어 기존의 내용과 다른 자기만의 1차 콘텐츠가 나올 수 있다. 거기에 자신의 깨달음과 생각을 숙성시켜서 함께 녹여 넣으면 자기만의 2차 콘텐츠가 만들어지는 것이다. 이때 정리된 자기만의 콘텐츠가 그 분야에서 새로운 가치를 제공하는 내용이 되면, 책 출간으로도 이어질 수 있게 되는 것이다.

여기서 세 번째와 첫 번째 방법이 다른 점은 첫 번째는 책의 내용을 요약하는 비중이 큰 반면, 세 번째 방법은 책 내용의 정리를 자신이 알고 싶어 하는 목표와 목차에 맞춰서 재정리함으로써 단순 요약과는 달리 몇 권의 책을 읽어 가면서 그 내용들이 누적됨으로써 새로운 콘텐츠로 진화할 수 있다는 점이다. 따라서 목표에 맞게 독서를 하고 정리를 하는 방식에서는 이 세 번째 방법이 가장 유용한 방법이 될 수 있다.

그런데 세 번째 방법은 기존에 없던 방법이고, 목표에 맞게 책 내용을 선별해 내는 작업을 거쳐야 하기에 어느 정도의 훈련이 필요하다. 이러한 단계에 이르기 위해서는 첫 번째 방법으로 저자의 생각을 요약·정리할 수 있어야 하고, 두 번째 방법으로 저자의 생각에 자신의 생각과 의견을 덧붙여 정리할 수 있어야 한다.

마지막으로 세 번째 방법으로 책을 자신이 알고 싶어하는 새로운 목차로 정리하는 단계까지 거치다 보면, 새로운 콘텐츠를 만들어 내는 단계까지 이를 수 있다. 이렇게 볼 때, 세 번째 방법은 앞의 첫 번째와 두 번째 방법을 모두 포함하고 있다고 말할 수 있다.

집중도와 이해도를 높이는 정리를 위해서는

여기서 꼭 말하고 싶은 내용이 있다. 비즈니스에서 자신의 생각을 담아 정리할 정도가 되려면 어느 정도의 지식과 경험이 준비되어 있어야 한다는 점이다. 그래서 자신의 생각을 담아 정리하기 이전에 먼저 저자를 통해서 자신이 알고 싶어 하는 내용에 대해 배워야 한다.

그런데 저자로부터 배우는 이 과정을 책을 한 번 읽는 형태로 끝내거나 몇 가지 메모를 하는 형식으로 끝내게 되면, 사실 저자가 말하는 내용을 일주일만 지나도 거의 기억하지 못하게 될 것이다. 그렇게 되면 이렇게 읽은 내용이 무슨 소용이 있으며 사업과 업무에 어떻게 적용할 수 있겠는가?

그래서 비즈니스 독서를 할 때는 자기 생각을 담아서 바로 적용하기보다는 저자가 말하는 내용을 먼저 이해하고 기억 속에 담아 사용할 정도가 되게 해 놓는 것이 필요하다. 이것이 여기서 말하는 '정리'이다.

기억 속에 저자로부터 배운 내용이 있어야 사업과 업무에 적용해서 활용할 수 있게 될 것이다. 이때 목표를 정해서 그에 맞는 저자의 견해와 방법을 수용하게 되면, 그 집중도가 올라가서 정리하고 이해하는 정도가 훨씬 높아질 것이다.

그러기 위해서는 읽은 책 내용을 정리할 때 첫 번째 방법인 책 내용을 있는 그대로 정리하는 훈련을 해야 한다. 그러고 나서 목표에 맞게 책 내용을 정리하도록 시도해 보는 것이다. 그리고 그렇게 정리한 내용을 기억할 수 있도록 노력해야 한다. 외울 수 있을 정도로 목표에 맞게 정리해야 현장에서 활용할 기회가 왔을 때 기억이 나서 적용하고 성과를 올릴 수 있게 된다.

그러므로 읽은 책 내용을 있는 그대로의 내용으로 정리하되, 다소 시간이 많이 들더라도 목표에 맞게 정리하는 과정을 거쳐서 저자로부터 배운 내용을 현장에서 사용할 수 있도록 적용할 수 있게 하는 것이 중요하다.

: : 읽은 책을 정리하는 방법 : :

그렇다면 이제 읽은 책의 내용을 구체적으로 어떻게 정리할 것인가? 독서 후 책을 정리할 때 어떤 내용이 담기도록 정리해야 할지에 대해서 알아보도록 하자. 1) 내가 이 책을 통해서 찾고 싶은 내용, 2) 해결에 도움이 되는 내용, 3) 해결 솔루션, 방안 등에 맞는 내용을 추출해 내서 그 질문에 맞게 정리해 나가야 한다.

"목차에 맞게 정리하라!"

정리의 과정에서 가장 중요한 기준이자 내용이다. 비즈니스 문제 해결 독서법은 기본적으로 목표를 정하고 그 목표를 목차로 정리해서 알고 싶은 내용을 목표 목차에 맞게 찾아내서 읽고 정리하고 적용하는 독서법이다.

그래서 독서한 내용을 정리해서 읽을 때 목표에 맞는 내용을 선별하여 필요한 것만 읽는 것이 필요하고, 그 내용을 정리할 때도 목표 목차에 맞게 정리하는 것이 필요하다.

책을 읽으면서 표시해 두었던 밑줄 친 내용을 기본적으로 모아서 정리하되, 그 내용이 많고 여기저기 흩어져 있을 경우에는 목표 목차에 따라 부여한 컬러별 스티커나 포스트잇이 붙어 있는 내용을 목차에 따라 모아서 정리하도록 한다.

이때 정리하는 방향을 크게 두 가지로 나눠 볼 수 있다.

목차에 맞게 핵심 내용 위주로 정리하는 법

하나는, 세밀하게 밑줄 쳐 놓은 내용을 모두 모아서 정리하는 것이 아니라 목차에 맞게 핵심 내용 위주로 시험 문제에 답을 달듯이 빠르게 정리하는 것이다.

표시해 둔 내용이 물론 중요하긴 하지만 표시해 놓은 모든 내용이 성과에 영향을 미치는 요소들이 아니기 때문에 표시해 놓은 내용 중에서 성과에 영향을 줄 만한 내용을 별도로 추려 내서 정리하는 작업을 하는 것이다. 알게 된 내용을 중심으로 요약해서 정리하게 되면 전체적으로 이해도 빠르고, 전체 내용 중에서 핵심 사항을 찾아 접근하는 데도 많은 도움이 된다.

이렇게 핵심 내용 위주로 정리한 내용을 비즈니스 독서를 처음에 할 때 기록해 두었던 알고 싶은 내용, 즉 목표 항목에 맞춰서 기록하도록 한다.

밑줄 친 내용을 모두 목차에 넣어 정리하는 법

또 하나는, 밑줄 친 내용들을 모두 모아서 해당되는 목차에 넣어서 정리하는 것이다. 한 권을 정리할 때는 단순 배치에 가까운 형태가 될 것이고, 여러 권의 내용을 정리할 때는 목차에 맞게 재배치 및 편집하는 정도까지 될 것이다.

이와 같이 밑줄 친 부분을 모두 모아서 정리를 하면, 일종의 읽은 책에 대한 미니 북을 만드는 것과 같다. 이 과정을 통해 책을 이해하고 나아가 책의 내용을 암기하는 정도까지 진행할 수 있어서 그 효과는 상당히 좋다. 자신이 생각하기에 그 책 내용이 좋아서 암기할 정도까지 그 내용을 알아야겠다고 생각이 든다면, 가능하다면 이 방법을 추천하고 싶다.

이 방법의 문제점 중의 하나는, 밑줄 친 부분을 모두 모아서 정리하고자 할 때 그 내용이 많아 다소 오랜 시간이 소요될 수 있다는 점이다. 그래서 많은 사람들이 이 방법을 선택하지 않는다.

허나 이 방법으로 정리한 내용을 가지고 있을 때는 그 내용을 자신의 것으로 만들어 가는 데 상당히 큰 도움이 될 것이다. 만일 자신이 투입하는 시간에 비해 얻을 것이 많을 것이라는 판단이 든다면, 이 방법을 시도해 볼 수 있을 것이다.

목차에 맞게 정리할 때 시간을 절약하는 팁

밑줄 친 내용들을 모두 모아서 해당되는 목차에 넣어서 정리하는 방법을 선택했을 때 하나의 팁을 제공하자면, 모바일 앱 중에 이미지를 텍스트로 바꿔 주는 앱들이 있다. 이 앱들을 플레이 스토어에서 다운받아 두자.

책 페이지마다 있는 밑줄 친 부분을 모두 다운로드한 앱을 통해 사진을 찍어서 저장을 한 뒤 앱을 통해 사진으로 찍어 놓은 이미지를 텍스트로 바꾸는 작업을 거치도록 한다. 이렇게 변환된 텍스트를 워드나 한글로 복사해서 원하는 목차에 맞게 재배치 및 재편집해서 사용하는 것이다. 이렇게 하면 시간을 절약해서 정리를 하는 데 도움을 받을 수 있다.

이미지를 텍스트로 바꿔 주는 앱은 검색해 보면 여러 가지가 나올 텐데, '서뷰 인식 프로', 'vFlat'과 같은 앱들이 괜찮았다. 그 외에도 OCR 기능이 있는 앱이나 웹서비스를 찾아서 활용해도 좋을 것이다.

또 한 가지는, 음성을 텍스트로 바꿔 주는 앱을 활용하는 것이다. 음성을 텍스트로 바꿔 주는 앱을 다운로드해 책을 읽으면서 표시해 둔 부분을 말로 소리 내서 읽어 보고, 읽은 내용을 앱으로 녹음하여 녹음된 내용을 텍스트로 바꿔서 정리하는 것이다. 이 방법의 장점은 내가 정리하고자 하는 내용만 정확히 집어서 읽고 그 내용을 텍스트로 정리할 수 있다는 점이다. 이러한 앱의 대표적인 것이 '클로버 노트'이다.

:: 읽은 책 내용, 언제 정리하는 게 좋을까? ::

읽은 책 내용을 정리하는 방법에는 두 가지가 있다.

하나는, 책을 읽으면서 '바로바로' 정리하는 방법이다. 책을 읽으면서 목표 목차에 대한 답을 찾았을 때 '바로바로' 노트에 적으면서 정리하는 것이다. 목표 목차 내용을 바인더 노트 한 장에 목표 목차 1개씩을 미리 적어 놓았다가, 책을 읽으면서 찾아진 내용이나 답을 그 목표 목차가 적혀 있는 해당 노트에 '바로바로' 적으면서 정리하는 방법을 말한다.

두 번째는, 책을 '다 읽고 나서' 정리하는 방법이다. 책을 다 읽고 나서 밑줄 친 부분을 모으면서 중요한 사항들을 정리할 때 목표 목차에 맞게 그 답을 적어 가는 방식으로 정리하는 방법을 말한다.

바로 VS 다 읽은 후, 좀 더 효과적인 정리 시기는?

이 두 가지 방법 중에서 어느 방법을 사용하느냐는 각자의 취향에 따라 다르기도 하지만 좀 더 속도를 내고 책을 읽은 결과를 바로 알고 답을 찾아가는 재미를 느끼는 점에서는 첫 번째 방법이 좀 더 효과적일 수 있다.

하루 20분 독서를 진행하면서 '20분 가지고 뭘 해결할 수 있겠어?'라는 생각을 가질 수 있겠지만, 처음에 독서 목표를 세부적으로 잘 정하거나 책을 읽어 가면서 책을 읽는 목표를 세부적으로 적어 가면, 자신이 독서를 통해 알고 싶은 내용이 세밀하게 정리된다. 이에 따라 20분 동안 목표에 맞는 필요한 내용을 찾아서 읽는 것이 가능해진다.

결국 20분 독서를 통해 전체 목표의 작은 부분에 해당하는 목표를 해결할 수 있게 되는 것이다. 그 내용을 바로바로 정리해 가면, 20분 이라는 짧은 시간 동안 그 시간에 작은 목표를 해결하는 일을 경험할 수 있어서 '답을 찾아가는 재미'를 느낄 수 있게 된다.

:: 책 내용의 결론 정리하기 ::

이제 정리를 다 마쳤다면 마지막으로 읽은 책 내용의 결론을 생각 해 봐야 한다. 책을 읽고 정리한 내용을 모두 다 기억하고 적용할 수 는 없기에 그 핵심 내용을 최종적으로 선별해 내는 것이 필요하다.

정리 1단계 : 목표의 몇 퍼센트를 알아냈나?

자신이 읽은 책의 내용을 통해 다음의 네 가지 항목을 정리하는 것 이 필요하다.

1) 자신이 원하는 목표, 즉 문제 해결이나 알고 싶어 했던 내용 에 대해 이 책을 통해서 어떤 내용을 얼마나 알게 되었는지, 알 게 된 내용이 목표 내용 중에서 몇% 정도를 알게 되었는지를 생 각해 본다.

목표 목차 내용	이번에 책을 읽고 알아낸 내용	목표 대비 알아낸 내용 %

2) 성과에 영향을 줄 만한 내용, 목표와 관련하여 새롭게 알게 된 내용, 깨달은 내용으로 구분하여 최종 정리를 해 본다.

3) 그다음, 핵심적으로 자신의 업무나 사업에 적용하면 좋을 내용을 선별한다.

4) 지금 읽은 책으로는 해결이 불가능하여 궁금한 내용이나 더 알고 싶은 내용을 적어 본다.

이것을 알기 쉬운 형태로 표현하면 다음과 같다. 정리의 처음은 자신이 목표로 했던 목차 중에서 이번에 읽은 내용으로 목표의 어떤 부

목표 목차 내용	이번에 책을 읽고 알아낸 내용	목표 대비 알아낸 내용 %
왜 연간 사업 계획을 수립해도 매출 목표 달성이 안 될까?	1) 매출 목표 설정이 위에서 결정되어 내려오기 때문이다 2) 원인 분석을 할 때 미달성원인 위주 분석을 하고, 달성원인은 잘 분석하지 않는다는 점이다 3) 원인 분석 전체가 상식적으로, 눈에 보이는 위주로 이루어지고 있기 때문이다. 진짜 원인 파악이 누락 되어서 연간 사업계획 수립에 안 좋은 영향을 주게 되는것이다 4) 목표 달성을 위한 전략 수립의 최종 단계가 KPI (Key Performance Indicator)라는점이다 ⋮	70%
매출이 나는 연간 계획은 어떻게 수립하는가?	1) 내년도 목표 매출을 얼마로 할지 결정하라 2) 설정한 목표 달성을 위한 '달성 전략'이 들어가야한다 3) 수립된 전략을 실행하기 위한 최종 핵심 업무 단위인 KPA를 넣어라 4) KPA를 기간별로 구분하여 관리하고 피드백하라	65%

분이 채워졌는지 채워지지 않았는지를 체크해 보는 것이다.

정리 2단계: 결론적으로 무엇을 얻었나?

정리의 두 번째는, 결론적인 내용으로 이 책을 통해 얻은 내용이 무엇인지를 다음과 같이 나눠서 도출해 보는 것이다. 성과에 영향을 줄 만한 내용, 새롭게 알게 된 내용, 깨달은 내용으로 나누어 정리해 본다.

성과에 영향을 줄만한 내용	새롭게 알게 된 내용	깨달은 내용

정리 3단계: 그중 무엇을 적용할 것인가?

정리의 세 번째는, 정리의 결과 무엇을 현장에 적용할지를 도출해 보는 것이다.

적용을 해서 내 문제에는 도움이 되는데 성과로는 연결이 어려운 것이 있을 수 있고, 내 문제에도 도움이 되고 성과 창출에도 연결이 되는 적용 내용이 있을 것이다. 이 표를 통해서 현장에 적용할 내용을 평가해서 도출해 내도록 하자.

정리 4단계 : 더 알고 싶은 것은?

정리의 마지막은 책을 읽으면서 혹은 다 읽고 나서 궁금한 것이나 더 알고 싶은 내용을 적어 보는 것이다. 이 내용들은 자신이 읽는 지금의 책으로는 해결할 수 없는 내용으로, 다른 책에서 더 공부하거나 잘 아는 사람을 만났을 때 물어봐서 해결하고 싶은 내용으로 이루어진다.

보통 사람들은 독서를 할 때 적용 중심으로 독서를 한다. 책을 읽는 목적이 독서 후 적용하여 성과로 연결하는 것이라고 생각한다. 그래서 적용에 더 중점을 두고 책을 읽는 것에 대해 크게 문제 제기를 하지 않는다. 그런데 비즈니스 독서에서는 적용 중심보다는 정리 중심으로 독서할 것을 권면한다.

1

2

3

좋은 성과를 이끄는 정리 순서

비즈니스 독서를 할 때는 책의 내용을 다 이해하지 않은 상태에서 주관적으로 자기 생각이나 자신이 느끼고 깨달은 것에 초점을 맞추는 것을 주의해야 한다. 그보다는 그 분야의 전문가의 지식을 자신의 것으로 소화하는 데 초점을 맞춰서 먼저 정리하는 것이 결과적으로는 더 좋은 성과를 만들어 내는 데 도움이 된다.

즉, 정리 중심으로 독서를 한 후에 깨달은 것과 알게 된 내용을 가지고 적용을 하는 것이 책을 읽고 정리 없이 혹은 부실한 정리 후에 깨달은 것 중심으로 바로 적용하는 것보다 더 효과적이라는 의미이다.

5

정리한 내용을
적용하는 법

지금까지 비즈니스 문제 해결 독서법의 5단계 중 1단계 책을 읽는 목표를 정하고 목표를 목차로 구성하는 법, 2단계 좋은 책을 선택하는 법, 3단계 책을 생산적으로 읽는 법, 4단계 읽은 책 내용을 정리하는 법에 대해서 설명하였다. 이제 그 마지막 단계인 5단계 정리한 내용을 적용하는 법에 대해 설명하도록 하겠다.

: : 책을 읽고 적용하는 두 가지 접근법 : :

책을 읽고 적용하는 법에는 두 가지 접근 방법이 있다. 첫 번째는 책을 읽고 깨달은 것을 중심으로 사업에 적용하는 방법이고, 두 번째는 객관적인 책의 내용 그대로를 먼저 이해한 후에 그것을 바탕으로 사업에 적용하는 방법이다.

깨달은 것 중심으로 적용하는 방법

첫 번째는 책을 읽고 깨달은 것을 중심으로 사업에 적용하는 것이다. 일반적으로 가장 많이 활용되고 있는 방법으로, 책을 읽는 중에 깨닫게 된 것을 메모해 두었다가 적용하는 방법이다.

독서를 하면서 사람에 따라 생각하고 느끼고 깨닫는 부분이 다른 것은 일반적이고 자연스러운 것이다. 그래서 각 사람들이 생각하고 느끼고 깨닫는 부분에 대해 어느 것이 옳은지를 따지는 것은 큰 의미가 없다. 이렇게 각자가 생각하고 느끼고 깨닫는 것을 기초로 적용할 경우, 일단은 간편하고 형식도 없어서 쉽게 적용할 수 있다는 장점이 있다. 이 방법은 독서 후 적용을 할 때 저자가 말하고자 하는 내용보다 그 내용을 통해 자신이 느끼고 깨달은 것에 더 비중을 두는 접근 방법이다.

객관적 이해 후 적용하는 방법

두 번째는 책을 읽고 깨달은 것 중심이 아닌, 객관적인 책의 내용

그대로를 먼저 이해한 후에 그것을 바탕으로 사업에 적용하는 방법이다.

일반적으로 사람들은 남의 생각에 관심을 갖기보다 자신의 생각에 더 관심이 많다. 그래서 독서를 할 때도 저자의 견해나 주장보다 자신의 생각에 더 초점을 맞추는 경우가 있다. 그런데 독서 후 책을 읽은 내용을 자신의 목표에 적용할 때, 자신이 깨달은 것을 중심으로 하는 것에 초점을 맞추면 기존에 자신이 알고 있고 경험하고 생각하고 있는 범위를 벗어난 적용을 하기 어려워질 수 있다.

또한 사람은 자기가 보고 싶고 관심 있는 것만 보는 경향이 있다. 독서를 할 때도 이와 비슷한 현상이 나타날 수 있다. 책을 읽으면서 나의 생각과 관심사에만 집중해 있다면, 전문가인 저자가 말하는 내용이 잘 안 들어올 수 있고 내 구미에 맞는 내용만 들어올 수 있다는 것이다.

혹시 비즈니스 서적을 읽고 나서 떠오르는 생각 속에 저자의 내용은 별로 없고 자신이 느낀 점, 깨달은 점만 있다면 물론 그것도 나름 의미가 있을 수 있다. 하지만 대가나 전문가가 전하고자 하는 내용을 충분히 소화하지 못하는 것이 조금 아쉽지는 않을까?

책을 읽고 적용할 때 주의해야 할 부분이 바로 이 부분이다. 자신의 생각과 깨달은 것을 우선으로 할지, 아니면 저자의 견해나 전달하고자 하는 노하우를 우선할 것인지에 대한 것이다. 이에 대해 대부분은 자신의 생각과 깨달은 것을 중심으로 적용하고 있다. 그렇다면 우리가 한 번쯤 생각해 보아야 할 것이 있다.

"책을 읽는 가장 큰 장점은 무엇인가?"

자신을 뛰어넘은 그 분야의 전문가 및 대가의 생각과 접근법을 만날 수 있다는 점이다. 그런데 현재 내 문제 해결에 도움을 받을 수 있을 거라는 판단으로 내가 직접 선택해서 저자들을 모셔 놓았는데, 그분이 말하고자 하는 내용이 무엇인가에 초점을 맞추는 것이 아니라 자신이 생각하고 느끼는 것에 초점을 맞춘다면 그 접근 방식이 과연 효과적일까? 한 번쯤 생각해 봐야 할 것이다.

독서를 통해서 가장 먼저 그리고 가장 비중 있게 관심을 가져야 하는 것은 책을 읽고 내가 어떻게 느끼고 깨달았느냐 하는 것보다 그 분야의 전문가, 대가라고 불리는 저자의 내용을 먼저 이해하고 습득하는 것이다. 이 점을 주의하여 저자의 생각과 내용을 객관적으로 받아들이는 것에 먼저 집중하는 것이 필요하다.

먼저 책 내용 중심으로 정리를 하고 나서 적용을 하면 전체 내용이 윤곽이 잡히고, 어떤 내용으로 논리적 구성이 되어 있는지를 알 수 있게 된다. 또 저자가 강조하고자 하는 핵심 내용이 무엇인지를 알게 되고, 그 핵심 내용을 제대로 이해하면 적용에 대한 아이디어가 저자의 방법에 기초해서 나올 수 있게 되고, 저자가 성과를 만들어 낸 원리대로 적용을 해서 나의 적용이 성과를 만들기에 더 효과적인 형태와 내용으로 이루어지게 된다.

결국은, 책의 내용에 대한 충분한 이해 없이 그냥 책을 읽으면서 떠오르는 아이디어를 메모해 두었다가 바로 적용하기보다 책 내용을 먼저 이해하면 그동안의 내 경험, 관점과 사고를 넘어서 적용하는 것이 가능해진다. 이렇듯 자신이 알고 싶고 배우고 싶었던 내용을 소화한 후에 적용하는 것이 더 효과적이다.

: : 정리한 내용을 적용하기 전, 생각해 봐야 할 6가지 질문 : :

그동안 책 내용을 정리하였다면 이제 그 내용을 현업에 적용해 보아야 한다. 그런데 비즈니스에 관한 적용은 가능하다면 정확할수록 좋다. 책의 내용을 정확히 파악해서 정확히 필요한 곳에 효과가 날수 있게 적용을 하는 것이 필요하다. 또한 독서 후 잘못된 적용은 약이 되기보다 독이 되는 경우가 있으니 독서하며 정리한 내용을 적용하기 이전에 아래의 여섯 가지 질문을 통해서 좀 더 나은 적용을 하면 좋을 것이다.

저자의 말을 적용한다면 어느 부분에 효과가 있을까?

책을 읽고 적용을 할 때, 내가 적용하는 부분이 구체적으로 어느 부분인지를 명확히 인식하면서 적용하는 것이 필요하다. 그리고 그렇게 적용했을 때, 어느 부분에서 어떤 효과가 나올지를 생각해 봐야 한다.

독서는 양날의 검을 가지고 있다. 읽고 적용하는 사람이 제대로 읽고 정확히 적용하면 그것은 분명히 성과와 연결되지만, 그렇게 하지 못했을 경우에는 기업에 해가 될 수 있기에 주의가 필요하다.

나는 비즈니스를 하면서 읽었던 책 중에서 여러모로 도움을 받았으나 그 당시 내 사업에 적용하는 것은 여러 가지로 맞지 않았던 책이 있었다. 그럼에도 책을 읽고 충분한 생각의 숙성 없이 적용하는 바람에 효과도 없이 직원들의 피로도를 높이고, 조직의 시간과 노력이 적합하지 않은 곳에 사용하여 오히려 역효과를 냈던 경험을 여러 번 했었다.

그래서 특히 리더들은 책을 읽고 적용할 때 정확하게 검토하는 것이 중요하다. 알게 된 것과 깨달은 것에 대한 생각의 시간을 가지면서 그 내용을 현장에 적용하는 데 적합한지를 검토하는 시간을 갖는 것의 중요성을 인식해야 할 필요가 있다.

책의 내용을 적용하는 데 나의 조건·역량으로 가능할까?

이 부분이 책의 내용을 적용하는 데 있어서 당연하면서도 주의해야 할 부분이다. 어떤 내용을 자신에게 적용할 때 자신의 역량으로 가능한지를 확인하는 것은 아주 당연한 일이지만, 실제로 현장에서 적용할 때 간과하는 부분이 이 점이기도 하다.

현재의 자신 혹은 자사의 능력으로 감당할 수 없는 적용을 하는 경우가 의외로 많다. 아마 책 속에서 보았던 내용을 자신의 것으로 만들고 싶다는 생각에서인지 책 속의 내용과 현실 적용을 분별하지 못하는 사례가 의외로 많은 것이다.

나도 최근에 새로운 브랜드를 론칭하면서 일본의 츠타야 서점을 방문하게 되었고, 그곳에서 내용이 너무 마음에 드는 책을 발견했다. 미래에 내가 꼭 구현해 보고 싶은 모델이 되기도 해서 OO카페를 기획하게 되었다. 그런데 너무 하고 싶은 마음이 커서 카페를 다 알아봤다가, 마지막에 자사의 현실에 맞지 않는다는 사실을 확인하면서 정말 아쉬운 마음으로 보류 결정을 내렸다.

내가 기획한 내용을 적용해 보면, 자사에 분명히 무리가 된다는 것을 이성적으로는 알면서도 마음속으로는 너무 하고 싶었던 나머지 그것을 보강하면서 진행하는 쪽으로 계속 생각했던 것이다. 그렇게 현실에서 벗어나는 적용을 마지막까지 시도했던 게 나의 모습이었다.

결론적으로 보면, 츠타야 책을 읽고, 일본의 츠타야를 방문해 보고 그 과정에서 알게 되고 깨닫게 된 것을 적용하려고 시도했던 두 달 가까운 시간은 피했어야 하는 적용이었다. 왜냐하면 현재의 완성형 츠타야를 보고 적용하려고 했던 자사는 츠타야의 내용을 자사에서 실현하기에는 그 규모나 수준이 동네 작은 카페 수준으로 아직 그 조건이나 여건이 갖춰지지 않았던 것이다.

미래를 생각한다면 유익한 시간이라고 할 수도 있을 것이다. 그러나 신규 사업을 준비하는 과정에서 이 정도의 시간을 사용한 것은 사실 무리한 적용의 시도였고, 결과적으로 아무것도 적용하거나 이루어진 것이 없었기에 피했어야 할 적용 시도의 사례라 볼 것이다.

어떤 내용을 어떤 순서로 적용하는 게 가장 효과적일까?

사업을 할 때 어떤 순서로 진행할 것인가가 성과에 중요한 영향을 주는 경우가 많다. 그래서 사업 진행의 순서를 지혜롭게 선택하는 것이 중요하다. 이런 점에서 책을 읽고 적용을 할 때 앞뒤 순서를 충분히 생각하지 못하고 적용하는 바람에 겪게 되는 부작용이 의외로 있으므로 주의할 필요가 있다. 책을 읽다 보면, 그때그때 적용하고 싶은 것들이 생기기에 그때마다 적용을 하면 그 당시에는 못 느끼지만 전체적으로 보았을 때 그 적용이 그 순서에 혼란을 제공함으로 불필요한 사업의 낭비를 가져오게 되는 경우가 있게 된다.

책의 어떤 내용이 목표 성과에 가장 핵심적인 역할을 할까?

이 질문이 책을 읽고 나서 적용을 하는 데 있어 가장 핵심적인 내용이 될 것이다. 책을 읽고 나서 모든 것을 기억할 수 없고, 모든 것을 적용할 수 없을 것이다. 또한 여러 개를 동시에 적용하는 것도 쉽지 않을 것이다. 따라서 책을 읽고 나서 정리한 내용 중에 가장 핵심이 되는 내용이 무엇인지를 파악해 내는 것이 중요하다.

어떤 문제, 어떤 주제든지 그 내용을 풀어 갈 때 핵심이 되는 내용이 있게 마련이다. 이 핵심을 찾아내는 것이 문제 해결과 관심 주제 해결에 결정적인 역할을 하게 된다.

그런데 이같이 핵심이 되는 내용은 그냥 책을 잘 정리한다고 해서 쉽게 찾을 수 있는 것이 아니다. 자신의 현재 고민과 생각에 맞게 그 내용들을 생각하고 곱씹어 보는 생각의 숙성 과정을 거쳐서 나오게 되는 것이다. 사실 이렇게 나오게 되는 핵심 내용들이 자신의 적용을 확신시켜 주는 동기를 제공하고, 쉽게 적용을 하면서 물러서지 않는 마음을 제공해 주는 것이다.

좋은 성과의 결과를 얻고 싶으면 이러한 '생각의 숙성' 과정을 꼭 가져 보기 바란다. 그중에서도 어떤 내용이 목표 성과를 만드는 데 가장 핵심적인 역할을 하게 될 것인가를 몇 번이고 생각하면서 숙고하며 숙성시켜서 가장 핵심적인 역할을 할 수 있는 적용 요소를 찾아내는 것이 중요하다.

물론 이 '생각의 숙성' 과정은 독자의 선택으로 이루어지는 것이다. '생각의 숙성' 과정을 거치는 독자도 있을 것이고, 그렇지 않은 독자도 있을 것이다. 시간을 쓰는 만큼 그에 대한 결과도 다르게 나타날 것이다.

책의 내용을 적용하는 데 문제가 될 만한 요소는 없나?

책에서 읽은 내용의 현실과 자사에 적용하려고 할 때의 현실이 일치하기는 어려울 것이다. 그러기에 적용에 있어서 어려움과 문제점이 생길 수 있는데, 이것을 사전에 예측하고 생각해 보는 과정이 필요하다.

그래서 그렇게 찾아진 문제점을 사전에 고려하여 적용할 수 있도록 준비해야 한다. 문제점을 사전에 고려하지 않은 적용은 자사에 약이 되기보다 해가 되는 시작점이 될 수도 있음을 기억하자.

책에서 말하는 저자의 말은 모두 맞는 걸까?

'비즈니스에 관한 학자들의 이론들은 모두 맞는 내용이고, 각자 다른 환경에서 사업을 했던 저자의 말도 나에게 모두 맞는 말일까? 내가 내 사업 현장에 적용해도 같은 성과를 낼 수 있는 내용일까?'

우리는 독서를 할 때 무의식적으로 저자의 말은 모두 맞을 것이라는 생각을 가지고 있다. 정말 그런지를 생각해 보아야 한다.

그동안의 나의 경험을 보면, 저자의 내용이 모두 맞는 것은 아니었다. 특히 성공한 사람들이 자신에게 적용했던 내용들을 얘기할 때는 그 사람의 특수성이 있기 때문에 그 내용이 어떤 상황에서든지 모두 맞는다고 생각하고 받아들이는 데는 무리가 따를 수 있다.

특히 이론적으로 검증되지 않은 저자의 간증 형태의 접근은 주의하는 것이 필요하다. 그리고 어떤 경우에는 비즈니스 이론에서 말하는 내용을 저자가 잘못 이해하여 적용한 것을 그대로 적어 놓은 책들도 있다.

어쨌든 비즈니스 독서를 하는 것은 내 일과 사업에서 더 나은 결과를 얻기 위함이다. 좋은 게 좋은 것이 아니라 정확한 내용을 효과가 필요한 곳에 적용해야 하므로 맹목적인 저자 추종은 주의가 필요하다.

이러한 사항들을 전체적으로 살펴보았을 때, 독서를 통해 알게 된 내용과 깨달은 내용을 적용하려 할 때는 적용 전에 그 내용에 대해 깊이 생각해서 핵심을 걸러내는 생각의 숙성 과정을 통해서 어떤 내용으로 할지에 대해 좀 더 검토하고, 적용의 문제점을 고려하며, 적용을 했을 경우 어떻게 하는 것이 가장 효과적인지 등을 사전에 살펴보아야 한다.

: : 정리한 내용을 목표에 맞게 적용하라 : :

이 방법은 우리가 일반적으로 책을 읽은 후에 하는 적용 방법처럼 독서를 통해 알게 된 책 내용을 자신이 적용하고 싶은 자신의 사업이

나 업무에 적용하는 방법인데, 거기에다 처음에 설정한 자신의 목표에 맞는 내용을 선별해서 적용하는 방법이 추가된 것이다.

즉, 보통 책을 읽고 적용할 때처럼 자신이 책에서 찾은 내용을 자신이 원하는 부분에 적용을 하는데, 기존에는 자신이 좋다고 생각하는 부분을 그냥 마음 가는 대로 적용했다면 비즈니스 문제 해결 독서법에서는 목표에 맞는 내용만을 선별하여 적용한다는 점에서 차별점이 있다.

그리고 처음 설정한 목표에는 없지만 책을 읽다가 찾은, 자신이 '괜찮겠다'라고 판단되는 내용도 적용해 볼 수 있다. 다만 여기에서는 보통의 경우처럼 '괜찮겠다', '유익하겠다'라고 생각되는 내용 위주로 적용하는 것이 아니라, 목표에 맞는 내용을 중심으로 적용하는 점이 기존의 방법과 다른 점이다.

이 방법을 적용할 때는 성과와 꼭 연결시키겠다는 생각을 가지고 하는 것이 아니라, 우리가 보통 해 왔듯이 자신이 알게 된 유익한 내용과 목표에 맞는 내용을 자신의 사업이나 업무에 도움이 될 것이라 생각하고 결과적으로 성과가 나면 좋지만, 적용의 처음부터 이것이 성과로 연결될 것인가 아닌가를 예민하게 따지지 않고 적용하는 방법이다.

다음은 필자의 저서 『연간 사업계획 수립과 그 후 실행 관리』라는 책을 읽은 분이 자신의 업무에 적용한 사례이다. 'KPA(Key

적용하려는 책 내용	자신의 어느 부분에 적용할 것인가?	언제, 어떻게 실행할 것인가?
성과에 직접적으로 영향을 주는 가장 핵심적인 업무 활동 KPA를 시간표에 넣어 관리하라	책에서 배운 내용을 토대로 KPA를 작성해 보았다. 내 업무에서 매출이 나는 핵심업무를 우선적으로 배치해보았다.	1. 매주 금요일에 KPA 중심 주간 계획을 세워서 일주일 동안 실행 2. 과정에서 발생하는 장애물과 가짜업무는 팀장, 대표와 협의해 제거 3. 매주 금요일에 한주 피드백을 하여 보완

Performance Action: 성과를 내는 데 가장 핵심이 되는 행동)를 주간 시간 표에 넣어 관리하라!'는 내용을 독서를 통해 알게 된 독자가 그 내용을 자신에게 적용한 것이다. 즉, 자신의 KPA 업무를 책에서 말한 대로 '주간 시간표'에 넣어서 적용하겠다는 것과 그 내용을 언제 어떻게 실행할 것인지에 대해 구체적인 실행 계획을 세워 적용하겠다고 보여주는 내용이다.

『연간 사업계획 수립과 그 후 실행 관리』라는 책에서 말하는 많은 내용들 중에서 이 책을 읽은 분의 목표에 맞는 KPA 관련 내용을 선별해서 자신의 업무에 언제 어떻게 적용하겠다는 내용을 정리한 것이다.

2022	MON	TUE	WED	THR	FRI

분석 KPA

- 회계관리
  대표님께 매일 금액 보고
  필요에 따라 금액 조율하고,
  금액 송금 및 입금 진행
  월급 송금 및 세금 관리
  월급 및 세금 관리하기

- 고객관리
  고객이 누구인지,
  몇 명 있는지
  AS 및 문의관리

- 온/오프라인 판매관리
  업체 관리, 각 우통사별 분
  석 후, 매출을 증대시키는
  부서
  월 0000만 원 목표 달성

- 와디즈 00억 달성
  00억 목표 달성
  내 부서가 어떤 부분을 담
  당해서 진행할지, 체크해
  야할 부분

- 그 외 요청 업무

MON
- 월급 및 세금 관리하기
  - 4분기 매출 정리
  - 2021년 통장 정리
  - 월급 지급 정리
- AS 및 문의관리
  - 무분멘트 사용 설명 문의
  - 강OO 기능 문의하심
- 업체 관리
  - OOO 업체 방문 및
    판매 확인
  - OOO 업체에 기재
    메일 전송
- 콘셉트 정리
- 사진, 영상 촬영
- 신규 조립 제품 검수
- 광고 커버 정리하기

TUE
- 금급 송금 및 입금 진행
  - 와디즈 사용 설명서 구매
  - 판매 제품 구매
  - 격자노트 구매
- 고객 누구인지 정리
  - 자사 구매 고객 연람대
  - 자체 설문조사 분석
  - 고객 후기 정리
- 유통사 분석, 매출 증대
  - 블로그 일주일에 3편 작성
  - 인스타그램 일주일에
    3개 업로드
  - 인스타그램 개선
- 랜딩페이지 제작
- 광고 효율 체크
- 구글 애널리틱스 분석 정리
- 해외 업체 제품 생산 체크
- 통관 업체·물류 업체 미리 연락 및 소통

WED
- 고객 명 알 있는지
  - VIP GOLD
  - 고객 분류 및 체크
  - 최근 구매 고객 정리하기
- 광고 소재 정리
  - 오프라인 매장 관리 및
    개선
- 상세페이지 제작
- 배송·고객관리

THR
- 대표님께 금액 보고
- 재구매 분석 및 연결
- 인플루언서 컨택하기
- SNS 광고 효율 체크
- 제품 포장 패키지 구매
- 시계 각인 내용 체크하기

FRI

A 요청 : 제품 사진 구글 드라이브 공유
B 요청 : 노션 일정표 공유

	MON	TUE	WED	THR	FRI
8	20분 독서, 커피정리	20분 독서, 커피정리	20분 독서, 커피정리	20분 독서, 커피정리	
9	회계관리	회계관리	회계관리	회계관리	
10	고객관리	고객관리	고객관리	고객관리	
11	그 외 요청업무	그 외 요청업무	그 외 요청업무	그 외 요청업무	
12	점심식사	점심식사	점심식사	점심식사	
1	배송준비 및 송장출력	배송준비 및 송장출력	배송준비 및 송장출력	은/오프라인 판매관리	
2	은/오프라인 판매관리	은/오프라인 판매관리	은/오프라인 판매관리	전체회의	
3	판매관리	판매관리	판매관리		
4					
5	와디즈 3억 달성	와디즈 3억 달성	와디즈 3억 달성		
6					
7					

SAT　　SUN

여기서 중요한 것은 첫째, 독서를 통해 알게 된 내용 중에서 그냥 자신의 생각에 좋다고 생각하는 내용을 적용하는 것이 아니라, 자신이 처음에 세웠던 목표에 맞는 내용을 선별해서 적용한다는 점이다.

그리고 둘째, 그 적용을 '~하겠다'로 막연하게 끝내는 것이 아니라 '언제 어떻게 ~ 할 계획이다'라고 구체적인 실행 계획을 세워서 적용한다는 점이다.

이 두 가지 적용점이 기존의 독서법에서 적용하는 것과 다른 점이고, 좀 더 개선된 방법이라고 할 수 있다.

: : 정리한 내용을 성과가 날 수 있도록 적용하라 : :

이 방법은 자신이 읽은 책 전체나 부분적인 내용을 적용하기 전에 적용하려는 내용이 성과와 연결될 수 있는지에 대해 따져 보고 적용하는 방법이다. 목표에 맞게 찾은 낱개의 내용 적용이나 책을 다 읽고 난 후에 책 전체적인 내용을 살펴보면서 성과가 날 수 있는지에 대해서 파악한 후에 적용하는 것이다.

이러한 적용 방법은 이번 비즈니스 문제 해결 독서법에서 추천하는 방법이자 기존의 독서법에서는 잘 다뤄지지 않는 내용이다. 비즈니스 문제 해결 독서법은 독서를 그냥 하는 것이 아니라 처음부터 자신이 해결하고자 하는 문제나 성과를 얻기 위해서 진행하는, 목표가 분명한 독서이다. 따라서 독서한 내용을 성과와 연결시키는 것에 아주 민

감하고 관심이 많다.

책에서 배운 내용이나 알게 된 내용을 그냥 생각나는 대로 현장에 적용하는 방법과 적용할 때부터 그 내용을 성과로 연결하려고 하는 방법에는 차이가 있다. 처음 방법은 독서를 통해 알게 된 내용을 그 내용이 성과와 연결되는지를 사전에 따져 보지 않고 자신의 사업이나 업무 어느 부분에 적용할지를 판단해서 적용하여 실행에 옮기는 방식이다.

이러한 보통의 독서한 내용의 적용은 '~을 향후에 적용하겠다'로 끝이 난다. 이런 방식으로 적용하면 '~하겠다!'만 있는 것으로, 그것이 정말로 실행에 옮겨질지는 두고 봐야 하는지라 성과와 연결될지는 더욱 알기가 어렵다. 기존의 독서 후 적용 방법의 많은 경우가 여기에 해당한다.

반면에 독서한 내용을 성과로 연결하고자 하는 방법은 독서를 통해 알게 된 내용을 그냥 자신이 필요하다고 생각하는 대로 현장에 적용하는 것만으로는 한계가 있다고 생각한다. 왜냐하면 성과로 연결되기 위해서는 성과와 연결될 만한 요소를 가지고 있어야 하고, 성과를 가로막는 문제점들을 해결해야 하기 때문이다.

이를 위해서는 적용하기 이전에 자신이 적용하고자 하는 내용 속에 성과와 연결될 만한 요소나 내용이 있는지를 먼저 파악해야 하고, 성과를 가로막는 문제점과 장애물이 무엇인지에 대해 정확히 파악하여 그것을 기초로 그에 맞는 해결 방안을 찾아가야 한다.

또한 그러한 해결 방안을 실행한다고 해서 모두 성과로 연결되는 것도 아니다. 성과로 연결되기 위해서는 성과를 내기 위한 조건과 요소를 만족시켜야 하고, 그 요소들의 적용 순서가 바뀌지 않고 성과가 나올 수 있는 단계적인 프로세스를 만족시키며 적용하는 것이 중요하다.

실제로 이 두 가지 방법은 모두 독서 후 적용하는 방법으로 사용할 수 있는데, 첫 번째는 우리가 일반적으로 사용하는 적용 방법에 '전략 수립'의 개념을 활용하는 방법이다. 그러기에 좀 더 쉽게 적용할 수 있다는 장점이 있다. 두 번째는 성과와 연결하는 약간 복잡하고 어렵지만 효과는 확실한 '성과 프로세스'를 통한 방법이다.

'전략 수립'을 활용한 방법

보통 사람들이 책을 읽고 나서 읽은 내용을 적용하는 방법에 '전략 수립'의 개념을 활용한 것으로, 기존의 독서 후 적용하는 방법을 바탕으로 좀 더 쉽게 독서를 통해 얻은 내용을 적용하여 성과와 연결시키는 방법이다.

이 방법은 다음의 3단계로 이루어진다.

1) 적용하려는 책 내용을 자신의 어느 부분에 적용할까?
2) 이 책에서 말하는 방법대로 자신에게 적용했을 때 어떤 성과가

적용하려는 책 내용	자신에게 적용하려는 내용은?	어떤 성과가 가능한가?
머그컵 > 집 판매	고객 유입 > 구매 전환	고객 유입 증대와 구매 전환을 통한 매출 증대
계속 살 수 밖에 없는 상품 판매	(신)상품 개발	지속적 구매 발생

날 수 있을까?

3) '적용하고자 하는 내용'에 대한 '실행 전략' 수립하기.

첫 번째, 적용하려는 책 내용을 자신의 어느 부분에 적용할지를 정한다. 두 번째, '이 책에서 말하는 방법대로 자신에게 적용했을 때 어떤 성과가 날 수 있을까?'를 예상해 본다.

이 사례는 『작은 가게의 돈 버는 디테일』(다카이 요코 지음, 다산북스)이라는 책을 읽은 분이 자신의 업무에 적용한 사례인데, 그 책 내용 중에서 고객에게 머그컵 한 개 판매를 시작점으로 계속 연결해서 결국에는 집까지 판매하는 '고객 유입 → 구매 전환' 구조의 내용(자신이 책을 읽은 목표에 맞춤)을 이해하고 습득해서 자신의 온라인 업무에 적용한 내용이다.

그런데 이렇게 적용할 때 기존과 다른 점은 자신의 업무에 적용하는 것에 그치는 것이 아니라 적용하는 처음부터 성과로 연결 지을 수 있게 사전에 자신의 적용 내용이 '어떤 성과가 가능한가?'까지 생각하며 성과 연결에 대한 생각을 놓치지 않고 최종적인 성과를 염두에 두고 적용한다는 점이다.

세 번째, '적용하고자 하는 내용'에 대한 '실행 전략'을 수립한다. 일반적인 성과에 대한 접근을 하기 위해서는 전략을 잘 수립하는 것이 필요하다. 목표를 달성하기 위한 전략 수립의 과정 속에는 다음과 같은 개념이 담겨 있어야 한다.

1) 목표를 달성하기 위해 해결해야 할 핵심 과제가 무엇인가?
2) 그 과제를 해결하는 방안이 무엇인가?
3) 그 해결 방안을 실행하는데 필요한 핵심 활동이 무엇인가?

그래서 책을 읽고 난 뒤 자신의 업무나 사업에 적용을 할 때 이러한 '전략 수립'의 과정 속에 담겨 있는 세 가지 내용을 만족시킬 수 있다면, 그 적용 내용이 실행되었을 때 성과가 발생할 확률이 높아지는 것이다.

여기서 또 한 가지 방법을 소개하자면, 성과를 내기 위해서는 다음에서 설명하는 '성과 프로세스를 따라 해결하는 방법'이 효과적이다.

하지만 그 방법대로 하기에는 과정이 조금 어렵고 복잡하기 때문에, 실용적으로 접근하는 방법으로는 '전략 수립'의 개념을 적용하는 것도 실용적이면서 효과적으로 접근하는 방법이 될 것이다.

: : 전략 수립의 개념을 적용하여 성과로 연결하는 사례 : :

이 사례 또한『작은 가게의 돈 버는 디테일』이라는 책을 읽은 분이 자신의 업무에 적용한 사례로, 책 내용 가운데 여러 가지 방법으로 고객 유입을 증가시키는 내용을 자신에게 적용해 보기로 하고, 그 적용을 성과로 연결 짓기 위해 전략 수립의 개념을 접목하여 적용한 사례이다.

적용내용	해결과제		해결방안 1	해결방안 2	언제 실행
			기획전으로 유통사 늘리기	유통사별 MD와 소통	한달에 한번 기획전 준비하기	매일 10분씩 기획하기
매출 증대를 위한 고객 유입 방안	유입	고객 유입 루트 추가 확보 & 광고 늘리기	네이버 키워드 광고 블로그, 인플루언서 연결	네이버 상위 노출로 유입 증가 시키기	매일 30분씩 노출 작업하기
		고객 후기 필요	제품을 사면 후기로 이어지도록 체계적으로 진행	매달 20개 파는 것 중 10명이 후기 남길 수 있도록 기획	3일에 1시간 작업

이 전략 수립에 관한 도표는 전략 수립에 있어서 가장 핵심적인 내용을 담고 있는 도표이다. 전략의 개념 속에는 기본적으로 '목표 달성 방안'이라는 개념이 들어 있다. 따라서 이 방법은 독서한 내용을 적용하여 성과를 내기 위해서 전략 개념을 바탕으로 전략을 수립하는 단계별 내용을 독서 후 자신의 사업이나 업무 적용에 연결한 것이다.

'성과 프로세스'를 활용한 방법

이제 독서한 내용을 성과와 연결 짓게 하는 두 번째 방법인 '성과 프로세스'를 통한 방법을 설명해 보겠다. 이 방법은 마케팅적인 접근을 바탕으로 한다. 따라서 이 방법을 성과에 연결하기 위해서는 마케팅 지식이 필요하다.

우리가 어떤 문제를 해결하거나 성과를 올리기 위해 접근하는 방법에는 두 가지가 있다. 하나는 자신의 상식에 기초해서 특별한 기법 없이 하거나 간단한 지식을 배워 접근하는 실용적인 방법이고, 또 하나는 좀 더 전문적인 지식을 바탕으로 전문적인 접근 방법이다.

앞에서 언급했던 '전략 수립'과 관련된 개념을 사용해서 성과에 접근하는 방법은 전자에 가까운 방법이고, 이번에 설명하는 '성과 프로세스'를 사용해서 성과에 접근하는 방법은 후자에 가까운 방법이다.

내가 이 두 가지 방법을 개발해서 독서한 내용을 성과에 연결하는 방법으로 시도해 본 결과, 후자의 방법이 더 효과적이었고 정확하였다. 다만, 후자의 방법을 적용하고자 하면 먼저 마케팅과 성과 요소에 대한 여러 가지 개념을 배워서 익혀야 한다. 그러나 전자의 방법으로도 기존의 방법에 비해서는 더 나은 결과를 얻을 수 있으니, 실용적으로 큰 부담 없이 접근하고자 할 때는 전자의 방법이 유용하다.

우선 '성과 프로세스'가 어디서 나왔는지를 살펴보도록 하겠다. 다음의 도표는 마케팅의 기본적인 과정을 보여 주고 있다.

마케팅의 기본 과정은 '환경분석 → S.T.P → 4P 전략 수립'이라는 3단계 과정으로 이루어진다. 이것이 현재 대학 교과서에서 배우는 마케팅 원론에 나오는 내용이다. 그런데 문제는 이러한 마케팅 원론적인 내용과 구성이 현재 성과와 관련된 분야의 여러 개념들을 담아내지 못하고 있다는 점이다.

예를 들면, 성과를 내기 위해서 필요한 차별화, 콘셉트, 전략, 그리고 비즈니스 모델 등의 개념들이 있다. 이러한 단어들은 그 하나하나를 볼 때는 성과에 매우 중요한 부분인데 전체 속에서 마케팅의 어느 단계에 적용되어야 하고 성과와의 연관 관계, 선후 관계가 무엇인지에 대해서는 기존의 마케팅 3단계 내용에서 다루어지지 않고 있다.

그래서 내가 오랫동안 연구하여 성과에 영향을 주는 관련된 요소를 전부 묶어서 새롭게 성과 프로세스로 정리하였는데, 그 내용은 다음과 같다.

현재 교과서에서 배우는 마케팅 전체 흐름도 - 3단계

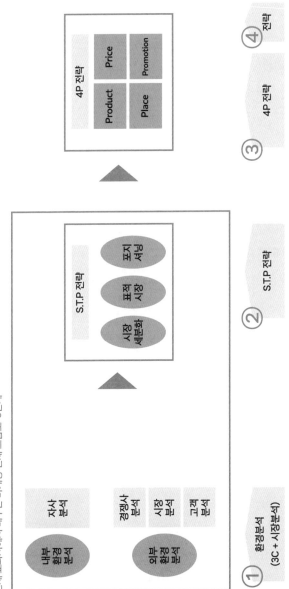

| S.T.P 전략 | |
| 시장 세분화 | 표적 시장 | 포지셔닝 |

4P 전략
| Product | Price |
| Place | Promotion |

① 환경분석 (3C + 시장분석)
자사 분석 · 내부 환경 분석
경쟁사 분석 · 시장 분석 · 고객 분석 · 외부 환경 분석

② S.T.P 전략

③ 4P 전략

④ 전략

이 성과 프로세스는 내가 40개 이상의 브랜드 개발과 브랜드 론칭에 관여하면서 실전에서 경험했던 프로세스와 책에서 말하는 내용들을 포함하여 정리한 프로세스이다. 더불어 성과에 가장 영향을 끼치지만 마케팅 기본 프로세스에서는 다루어지지 않는 '콘셉트', '차별화', '비즈니스 모델' 등의 내용도 포함하였다.

아울러 성과라는 것이 전략을 잘 수립했다고 해서 지속적으로 발생하는 것은 아니기에, 전략 수립 후에 그것을 바탕으로 판매와 고객 관리를 어떻게 해야 하는지에 대한 내용도 포함하였으며, 이것이 지속적으로 이루어지도록 목표 관리와 피드백의 개념이 성과 프로세스에 들어가게 되었다.

그렇다고 이 프로세스가 이론으로만 있었던 것은 결코 아니었으며 10년 가까이 현장에 적용하면서 그 효과가 검증되고 인정받은 것이다. 그래서 자신이 독서한 내용으로 성과와 연결시키고자 할 때는 이 '성과 프로세스'와 연결해서 적용할 수 있다면 독서의 내용을 성과로 연결하는 데 상당한 도움을 받을 수 있을 것이다.

성과는 기본적으로 이러한 '성과 프로세스'에 있는 내용을 단계적으로 모두 갖출 때 발생하는 것이다. 독서한 내용을 성과로 연결하는 방법은 이러한 성과 프로세스를 적용하여 독서한 내용이 성과로 연결될 수 있는지 없는지를 파악하고, 어느 부분이 부족하고 어느 부분이 충족되는지를 분별하여 성과 프로세스의 단계별 내용이 모두 만족될 수 있게 준비하여 적용하는 것이다.

성과 발생 전체 프로세스

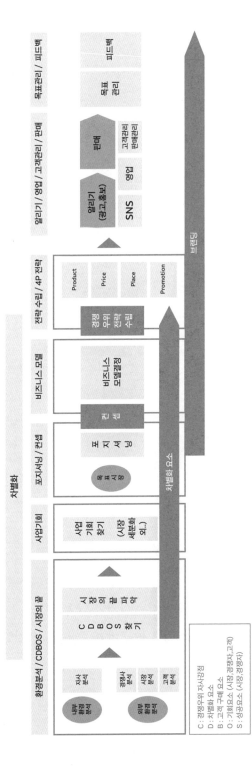

차별화

| 환경분석 / CDBOS / 시장의 폴 | 사업기회 | 포지셔닝 / 컨셉 | 비즈니스 모델 | 전략 수립 / 4P 전략 | 알리기 / 영업 / 고객관리 / 판매 | 목표관리 / 피드백 |

환경분석 / CDBOS / 시장의 폴
- 자사 분석
- 내부환경 분석
- 경쟁사 분석
- 시장 분석
- 고객 분석
- 외부환경 분석
- C D B O S 찾기
- 시장의 폴 파악

사업기획
- 사업 기회 찾기
- (시장 세분화 외..)

포지셔닝 / 컨셉
- 목표시장
- 포지셔닝
- 컨셉

비즈니스 모델
- 비즈니스 모델결정

전략 수립 / 4P 전략
- 경쟁우위 전략 수립
- Product
- Price
- Place
- Promotion

알리기 / 영업 / 고객관리 / 판매
- 알리기 (광고, 홍보)
- SNS
- 판매
- 영업
- 고객관리
- 판매애관리

목표관리 / 피드백
- 목표 관리
- 피드백

차별화 요소

브랜딩

C : 경쟁우위 자사강점
D : 차별화 요소
B : 고객 구매 요소
O : 기회요소 (시장·경쟁자·고객)
S : 성공요소 (시장·경쟁자)

* 이 표는 저작자가 정리한 것으로 저작권 등록이 되어 있어 저작권자의 허락 없이 사용할 수 없습니다.

우선 성과 프로세스는 그동안 나의 저서에서도 일부 다루었고 (『CEO돌파 마케팅』), 그 프로세스의 적용을 통해서 많은 사례가 있었던 것도 증명되었다. 또한 여기서 말하는 비즈니스 문제 해결 독서법과 성과 프로세스를 연결하여 성과를 만들어 내는 작업 또한 실제로 이를 적용한 여러 사례를 통해 검증되었다.

즉, 이러한 성과 프로세스를 사용해서 읽은 책의 내용을 검토하고 저자가 성과가 난다고 말하는 내용이 정말로 성과에 연결되는지를 확인한 후에 검토가 가능하다는 것이다. 이 방법을 사용하면 책의 내용이 성과의 어느 부분을 다루고 있고 그 내용이 성과 전체적인 관점에서 정말로 성과로 연결될 수 있는지를 파악해 볼 수 있다.

다만, 이러한 성과 프로세스 내용이 비즈니스 문제 해결 독서법 내용보다는 더 방대한 내용을 담고 있기에 여기서 그 내용을 모두 설명하기 어려운 것이 사실이다. 성과 프로세스를 활용한 방법은 그 근거를 마케팅적 접근에 두고 있기에 성과 프로세스를 활용한 방법을 적용하고자 하는 분들은 마케팅에 대한 내용을 익힌 후에 적용한다면 성과를 올리는 부분에서는 상당히 괜찮은 결과를 올리는 데 도움이 될 것이다.

그렇다고 비즈니스 문제 해결 독서법을 다루는 이 책에서 성과 프로세스 내용을 모두 설명할 수는 없기에 이 부분을 다루는 교육을 받아 본 후에 성과 프로세스를 통한 방법을 적용하는 것도 효과적일 것이다*.

이상을 살펴보았을 때, 독서한 내용을 성과로 연결 짓기 위해서 사용할 수 있는 방법을 마케팅적인 지식 없이 좀 더 쉽고 간편하게 사용하려고 하시는 분들은 첫 번째 방법인 '전략 수립' 개념을 활용한 방법을 적용해 보시고, 좀 더 세밀하고 전문적인 접근으로 성과로 연결될 가능성을 더 높여서 적용하고자 하시는 분들(특히 기업들)은 두 번째 방법인 '성과 프로세스'의 적용을 통한 방법을 선택하는 것이 더 큰 도움이 될 것이다.

:: 성과 만들기 관련 Q&A ::

Q. 이 책을 읽으면 성과 결과까지 만들어 낼 수 있을까요? 성과 결과까지 만들어 내려면 무엇이 더 필요할까요?

A. 이 책은 독서법에 관한 책으로, 책을 읽고 그 속에서 목표 달성, 문제 해결에 맞는 답을 찾아내서 적용하는 부분까지 다루고 있습니다. 즉, 성과를 내기 위한 목표에 맞는 답을 찾아 적용해 보기까지의 과정을 담은 것입니다. 이 문제 해결 독서법은 활용하는 사람과 목표

---

* 교육 내용 참조: 성과 메이킹 스쿨 블로그 blog.naver.com/blessingc

에 따라 가볍고 간단하게 사용할 수도 있고, 좀 더 체계적이고 제대로 된 형태로 비중 있게 사용할 수 있습니다.

물론 문제 해결 독서법만으로도 책을 읽고 적용을 통해서 기존의 방법보다는 훨씬 더 나은 결과를 얻을 수 있습니다. 그렇지만 지속적으로 이어지고 제대로 된 성과 결과까지 만들기 위해서는 문제 해결 독서법만으로 해결되는 것이 아니라, 다음의 세 가지가 추가적으로 필요합니다.

콘텐츠 메이킹

첫째는 비즈니스 문제 해결 독서법을 활용해서 자신이 필요로 하고 달성하고자 하는 목표에 맞는 콘텐츠를 개발해 내는 것인데, 저는 이 것을 '콘텐츠 메이킹'이라고 합니다. 즉, 자신의 문제 해결과 목표 달성에 필요한 자기만의 콘텐츠를 만들게 되면 그 문제를 해결하고 목표를 달성하는 자기만의 방안을 갖게 된다는 것입니다.

1인 기업의 경우, 수익을 올릴 수 있는 콘텐츠가 필수적으로 필요합니다. 이것을 목표로 정해서 자기만의 콘텐츠를 개발하게 될 경우, 수익이 발생될 것입니다.

기업의 경우, 히트 상품을 개발하고 싶다고 할 때 히트 상품을 개발할 수 있는 콘텐츠를 자기 기업의 기준과 상황에 맞게 읽고 정리해서 독자적으로 만들게 되면 히트 상품 개발에 상당한 도움이 될 것입니다.

이것을 위해서는 문제 해결 독서법과 연결하여 '자신만의 콘텐츠를 만들 수 있는 방법'을 추가적으로 익혀서 활용하는 것이 필요한데, 그 내용은 대략 다음과 같습니다.

- 자신만의 콘텐츠 만들기 위한 중요 요소 찾기
- 남들이 하지 않는 비어 있는 콘텐츠 영역 찾기
- 여러 콘텐츠 중에서 성과를 창출해 내는 콘텐츠 주제 선정하기
- 목표 성과에 맞는 콘텐츠 만드는 법
- 5권 이상 책을 동시에 읽으면서 콘텐츠 만드는 법

성과 메이킹

둘째, 목표 달성에 필요한 콘텐츠를 가지고 성과를 만들 수 있는 프로세스를 거치면서 성과 창출에 필요한 요소들을 채워 가는 과정이 필요합니다. 저는 이것을 '성과 메이킹'이라고 합니다. 그 내용의 개요는 다음과 같습니다.

- 성과를 만드는 관점과 사고
- 환경 분석과 4가지 핵심 정보 찾기
- 시장의 끝을 찾아 넘어가는 법

- 사업기회를 찾는 7가지 방법
- 성공적인 포지셔닝 방법
- 비즈니스 모델 기획하는 법
- 차별화하는 방법
- 콘셉트 이해와 수립하는 법
- 9단계 목표 달성 전략 수립 방법

문제 해결 & 목표 달성 메이킹

셋째, 성과 창출에 필요한 내용을 채운 후에 그 내용을 실행에 옮겨야 합니다. 이때 그 실행이 성과 창출에 핵심이 되는 활동으로 진행되어야 하고, 그 과정에서 성과 창출에 방해가 되는 가짜 업무를 제거하고, 정기적으로 피드백하는 것이 필요합니다. 또한 그 과정에서 발생하는 여러 문제들의 원인을 찾아 해결해 나가야 합니다.

저는 이것을 '문제 해결 & 목표 달성 메이킹'이라고 합니다. 그 내용의 개요는 다음과 같습니다.

- 문제 원인을 찾아내는 법
- 문제 해결 방안을 찾아내는 법
- 목표를 달성하기 위해 반드시 해야 하는 핵심 업무 찾아내는 법
- 목표 달성을 방해하는 가짜 업무 찾아서 제거하는 법

- 목표 달성을 위한 시간관리 & 피드백하는 법

성과를 만들기 위해서는 여러 가지 내용이 필요합니다. 1차적으로는 가장 간단하고 효과적인 방법인 비즈니스 문제 해결 독서법을 통해 '읽고-정리하고-적용하는' 것을 활용해 보고, 2차적으로는 좀 더 체계적이고 지속적인 성과를 위해서 추가적인 세 가지 메이킹 요소를 갖춰 가는 것이 필요할 것입니다.

이에 관한 내용들은 저자의 사이트나 블로그를 참조해 보면 좋습니다.

* 사이트 https://businessanswer.imweb.me
* 블로그 blog.naver.com/blessingc

03

실전!
목표를 이끄는 독서법의 활용

1

비즈니스 영역에서
활용하는 경우

비즈니스 문제 해결 독서법은 비즈니스 전문 독서법이기도 하지만, 그 적용 범위를 비즈니스 영역에 한정해서 적용할 수 있는 것만은 아니다. 비즈니스 영역이 아닐지라도 목표를 정해서 목차로 변환한 후에 독서를 통해 그것을 채워 감으로써 문제를 해결하거나 솔루션을 찾아야 할 경우라면 어디든 적용해 볼 수 있는 독서법이다. 그래서 비즈니스 문제 해결 독서법의 또 다른 이름이 '목표가 이끄는 독서법'이기도 하다.

이러한 목표가 이끄는 비즈니스 문제 해결 독서법은 적용의 범위를 크게 두 가지로 나누어 볼 수 있다. 하나는 '비즈니스 영역'에서 이루어지는 독서법으로 지금까지 설명했던 내용들이다. 둘째는, '비즈니스 이외의 영역'에서 이루어지는 독서법이다.

먼저 '비즈니스 영역'의 실전에서 어떻게 활용할 수 있는지 알아보자.

:: 기업 맞춤형 문제 해결 ::

비즈니스 문제 해결 독서법을 기업에서 활용하면, 기업에서 해결하고 싶은 문제나 주제의 해결 방안을 책 속의 전문가 내용과 독서 모임에 참여하는 직원들의 토론과 협의된 내용으로 찾아낼 수 있다.

비즈니스 문제 해결 독서법을 통하여 기업에서의 문제 해결을 시도한다면, 각 직급별, 각 부서별 필요에 맞게, 아니 각 한 사람의 필요에 맞게 적용하는 것이 가능해진다. 즉, 각 필요에 맞는 맞춤형 문제 해결 접근이 가능하다는 것이다. 이 점은 비즈니스 문제 해결 독서법의 적용에 있어서 중요한 특징 중의 하나이다.

기업에서 이 방법으로 진행하면 문제 해결에 들어가는 교육 및 컨설팅 비용을 줄일 수 있을 뿐 아니라, 자체적인 노력으로 솔루션을 찾아가는 과정을 통해서 직원들의 역량 강화와 성장하는 모습을 눈으로 볼 수 있게 된다.

나도 회사의 직원들을 교육할 때 이러한 문제 해결을 위한 '솔루션 독서 모임' 형태를 활용하여 역량을 키우고, 문제 앞에 질문을 던지며 해결하는 법을 훈련시키고 있다.

'신규 고객을 어떻게 만나서 고객으로 유입시키고 그 고객 관리를

어떻게 해야 할까?'

최근 회사의 관심 주제인데, 이와 관련된 4권의 책을 선정하여 5회에 걸친 독서 모임을 진행함으로써 어떻게 해야 할지에 대한 방법론을 정리하였고 그것을 어떻게 실현할지에 대한 실행 전략을 수립하여 실행하고 있다.

그동안 디지털 마케팅에 대해 교육과 컨설팅을 받아 봤지만, 그 내용이 전체적인 면을 이해하지 못한 상황에서 어느 한 부분에만 한정해서 다루어지는 경우가 많았다. 그러다 보니 직원들 각자가 이해하는 디지털 마케팅이 달라서 전체가 어떤 방향으로 어떻게 움직여야 할지 모르고 있는 답답한 상황이었다.

그런데 비즈니스 문제 해결 독서법을 통한 독서 모임을 가지면서 이와 관련된 책들을 보고 정리하고, 또 각자가 스스로 다른 유튜브 영상을 통해 배워 온 자료들을 공유하면서 디지털 마케팅에 대한 전체적인 윤곽을 잡게 되었다.

'그동안 우리가 교육받았던 내용이 전체 내용 중에서 어디에 해당되는구나. 아, 그때 이것을 이렇게 적용했어야 했는데, 그때 우리가 이것을 놓쳤구나.'

하는 것들을 깨닫게 되었다. 그 결과 한 직원이 자원해서 이번 독서를 통해 알게 되고 배운 것을 적용해 보겠다고 하고 주말에 스스로 여러 가지 작업을 해 가지고 왔다. 그것을 적용하며 전체가 함께 움직인 결과, 기존 대비(기존 매출이 낮았음) 5배 이상의 매출을 올리는 성과를 얻게 되었다. 그 담당 직원은 요즈음 주말에 우리는 쉬고 있는데도 매출이 나오는 모습에 신나 하고 있다.

무엇보다 그동안 나오지 않던 매출이 독서 후 스스로의 적용을 통해 나온 것을 확인한 직원들은 독서 모임에 더욱 적극적이 되었다. 2주에 한 번 진행되는 독시 모임에 자원해서 참여하고, 더 나아가 스스로 매일 아침 8시에서 10시까지 회사 근처 카페에서 공부를 한 후에 출근하고 있다. 자신들만의 시간을 갖고 공부하는 직원들의 변화는 비즈니스 문제 해결 독서법의 또 다른 성과였다.

: : 스스로 일하는 직원으로의 성장 : :

앞의 사례에도 설명했듯이 비즈니스 문제 해결 독서법을 통해 직원들은 현업 현장에서 부딪히는 문제를 해결할 수 있게 되었다. 문제 해결 관련 도서를 선정하고 진행함으로써 스스로 문제를 진단하고 원인을 찾아서 그 해결 방안을 찾아냈다. 관련 도서를 통해서 자체적으로 노력하고 배우고 훈련하는 과정을 겪으며 스스로 일하는 법을 키울 수 있게 된 것이다.

예를 들어, 어느 직원이 업무 중 현장에서 새로운 상품 아이템이 요구되는 상황이 되어 다른 아이디어가 필요해졌다. 그렇다면 그 직원은 자신에게 필요한 '디자인 씽킹'에 대한 적합한 책을 찾아 스스로 공부를 하거나 '디자인 씽킹'에 대해 독서 모임을 진행하는 곳에 신청하여 자신이 알고 싶은 내용을 찾아서 정리함으로써 당면 문제를 해결해 갈 수 있는 것이다.

CEO들은 직원들이 스스로 일하며 자체적인 힘으로 문제를 해결해 가길 원한다. 이때 적용하기 좋은 방법이 비즈니스 문제 해결 독서법이다. 비용도 들지 않으며, 직원들 스스로 문제를 각자의 문제에 맞춰서 해결할 수 있다. 이것은 독서법의 실제 적용에 대한 교육과 약간의 훈련을 받으면 언제든지, 얼마든지 가능하다.

: : 직원 교육에의 활용 : :

신입 사원 교육

신입 사원 교육은 신입 사원들이 사회 경험이 없고 업무에 대한 이해도 부족하다고 생각하여 대부분 주입식 교육으로 일방적으로 전달하는 방식이 대부분이다.

그런데 신입 사원 교육을 주입식이 아니라 문제 해결 독서법으로 진행할 수 있다. 일 잘하는 법, 일할 때의 마인드 및 자세, 문제 해결 방법 등에 대한 책을 읽고 독서 모임을 진행하는 것이다.

신입 사원들이 먼저 책의 내용을 숙지한 후에 그에 관한 전문 강사의 교육으로 보완한다면, 신입사원 교육의 내용과 질적인 면에서 더 좋은 효과를 가져올 수 있고 비용도 줄일 수 있을 것이다. 그리고 이 과정을 통해 직원들 스스로의 힘으로 문제를 해결하고 도전하는 팀워크와 문화를 만들 수 있을 것이다.

직급별 직원 교육 (임원 포함)

대리, 과장, 차장, 부장 등 임원이나 팀장과 같은 직급은 회사의 경력자로서 중요한 역할을 담당하고 있다. 그 역할의 대부분은 회사의 매출과 수익에 대한 책임을 갖는 역할이다.

그렇기에 이들이 업무를 진행하면서 필요하다고 느끼는 부분은 상당히 구체적이다. 그런데 회사에서 진행하는 직급별 교육은 각 직급별로 필요로 하는 '평균치 교육' 내지 어느 특정 회사에만 필요로 하는 것이 아닌 범용적으로 필요한 내용을 교육하는 '범용적 교육'이 주를 이루고 있다.

직급별로 필요로 하는 것은 어느 회사나 공통적인 것도 분명 있겠지만, 그보다는 많은 부분이 그 회사만이 가지는 고유한 내용이다. 그러다 보니 이것을 기존에 있는 범용적·평균적인 직급별 교육으로 채우는 것에는 한계가 따를 수밖에 없다.

이러한 직급별 교육에서도 비즈니스 문제 해결 독서법이 유용하다.

직원들이 업무에 필요한 사항을 적어 본 후, 그에 맞는 도서를 찾아 선정해서 책을 읽고 자체적인 독서 모임을 가지는 것이다. 그리고 유명 저자의 책을 통해 필요한 사항을 찾아본 뒤, 부족한 부분을 전문 강사를 통해 해결하는 방법이다.

이는 직급별 필요에 맞는 구체적 해결 내용을 제공할 수 있어서 적은 비용으로 큰 교육 효과를 기대해 볼 수 있는 직급별 교육이 될 수 있다.

부서별 직원 교육

회사 내에는 많은 부서들이 서로 조화를 이루며 역할을 담당하고 있다. 그러기에 그 부서들에서 필요로 하는 것도 역할만큼 저마다 다를 것이다. 이에 대해서는 대부분 '교육'을 통해서 채워 주었다.

그런데 회사 내에 있는 부서 전체에 대해 성장을 위한, 문제 해결을 위한 교육이 이루어지고 있는 회사가 얼마나 될까? 아마도 이런 기업을 주변에서 발견하는 것은 쉬운 일이 아닐 것이다.

부서별로 다양하게 존재하는 성장과 문제 해결에 대한 필요를 일대일로 혹은 부서별로 그것도 아주 적은 비용으로 채워 줄 수 있는 방법이 있는데, 그것이 바로 '비즈니스 문제 해결 독서법'이다.

앞에서도 이야기했지만 비즈니스 문제 해결 독서법을 각 부서에 적용해서 각 부서별로 '비즈니스 문제 해결 독서 모임'을 만들어서 운영

한다면 '부서별 성장과 문제 해결에 대한 솔루션을 찾아갈 수 있을 것이다.

:: 공부하는 기업 문화 ::

앞에서 설명한 것처럼 신입 사원, 직급별, 부서별로 스스로 문제 해결에 필요한 책을 선정해서 비즈니스 문제 해결 독서법으로 접근한다면, 스스로 자원해서 자신의 업무 해결 방법을 찾아 나서는 기업의 문화가 조성될 것이다. 또한 스스로 성장할 수 있는 방법을 익힐 수 있게 되어 조직 안에서의 자기 계발이 이루어지는 문화도 만들어질 것이다.

비즈니스 문제 해결 독서법은 스스로 공부하는 방법에 기초하고 있기에 이러한 문화가 기업에 뿌리내리는 데 도움을 제공할 수 있다.

:: 1인 기업을 위한 솔루션 ::

1인 기업에 필요한 자기만의 콘텐츠를 개발할 수 있으며, 스스로 성장하는 데 필요한 훌륭한 방법이 된다.

1인 기업만의 콘텐츠 개발

1인 기업이 당면한 문제 중에서 가장 어려워하는 해결 과제 첫 번째가 자기만의 콘텐츠(상품)를 확보하는 것이다. 그것도 남들이 갖고 있지 않거나 남보다 더 우수한 콘텐츠를 확보하는 것이다.

이 부분에 대해서 비즈니스 문제 해결 독서법은 훌륭한 해결 대안이 될 수 있다. 나도 그 한 사례이기도 하다. 회사 생활을 마치고 강의와 컨설팅을 하고자 했을 때 경험은 있었지만 그것을 콘텐츠로 만들어 놓지는 못했었다. 그런 상황에서 20년 동안의 직장 경험과 사업 경험을 나만의 콘텐츠로 만들어 낼 수 있었는데, 그때 활용한 것이 '비즈니스 문제 해결 독서법'이었다.

자기만의 콘텐츠를 만들 때도 목표를 정하고 그것을 목차로 만들어서 여러 권의 책을 심도 있게 읽어 가며 정리하여 남들에게 강의할 수 있는 수준까지 적용해서 만들어 내는 과정을 거치는 것이다.

내가 처음 책을 쓰겠다고 목차를 만들었던 것을 지금도 보관하고 있는데, 그 목차를 지금 보면 '이런 내용으로 책을 쓰겠다고 했단 말이지?' 하면서 실소가 나오는 수준이었다. 하지만 5년을 넘게 책을 읽고 글을 써 온 결과, 세 권의 책을 출간할 수 있었고 강의안을 만들 수 있었다. 1인 기업 누구나 자기만의 콘텐츠를 개발할 수 있다.

앞에서 설명을 드렸던 5단계를 거치면서 여러 권, 아니 수십 권의 독서를 하고 정리하고 적용하는 과정을 끈기 있게 지속적으로 반복해 나간다면, 자기만의 콘텐츠를 만들어 낼 수 있다. 이 부분에 있어서는 내가 증인이다.

1인 기업 스스로 성장하는 힘

두 번째로 1인 기업에 필요한 것은 자기 스스로 성장해야 한다는 것이다. 1인 기업은 일반적으로 이느 조직에 속해 있지를 않는다. 대부분 자기 혼자 힘으로 기업에 필요한 기능을 해야 한다. 아울러 사업 현장에서 경쟁력을 가지려면 남들이 갖지 못하는 자기만의 차별화된 내용을 가지고 있어야 하는데, 이것은 1인 기업을 이루는 사람의 역량에 보통은 비례한다.

따라서 1인 기업이 생존하기 위해서는 자신의 역량을 지속적으로 성장시켜야만 한다. 그러기 위해서는 1인 기업 스스로 성장해 갈 수 있는 방법이 필요한데, 그때에 비즈니스 문제 해결 독서법이 좋은 파트너이자 도구가 될 수 있을 것이다.

:: 솔루션 독서 모임의 운영 ::

CEO '솔루션 독서 모임'

CEO의 주요 역할은 크게 두 가지이다. 하나는 현재 사업에서 벌어지고 있는 다양하고 많은 문제 해결을 지휘하여 해결해 나가는 것이고, 또 하나는 미래에 일어날 사업의 방향과 내용을 직원들보다 먼저 파악하고 준비하는 역할이다.

CEO들은 이를 위해 많은 노력을 기울이고 있다. 여러 곳을 다니며 다양한 교육을 받고, 많은 모임에 나가서 다른 CEO들과 관계를 맺으며 많은 것을 배우려고 노력하고 있다. 그런데 이러한 노력을 하고 있음에도 불구하고 자신의 필요에 딱 맞는 솔루션을 찾기란 정말 쉬운 일이 아니다. 다른 회사가 잘된다고 해서 나도 잘되는 것이 아니고, 다른 기업의 노하우를 배워서 자신의 기업에 적용한다고 해서 꼭 좋은 결과로 이어지는 것도 아니다.

이러한 CEO들에게도 '비즈니스 문제 해결 독서법'은 아주 유용하다. CEO들은 많은 경우 직원들에게 좋은 책을 추천해 보고 독서를 장려해 보았을 것이다. 그런데 기대만큼 독서하는 문화가 기업에 정착된 경우가 많지 않았던 것도 사실이었을 것이다. 더구나 그 좋은 책을 읽고 기업의 성과와 연결되었던 경우는 더욱 찾아보기 힘들었을 것이다.

CEO들이 갖는 회사 대표로서의 역할에 맞는 자기 성장을 이루는 것과 직원들에게 독서를 뿌리내리게 하고 그 독서가 기업의 성과로 연결되게 하는 두 마리 토끼를 잡는 방법이 있는데, 그것이 '비즈니스 문제 해결 독서법'이다.

CEO들은 이 두 마리 토끼를 잡기 위한 독서 모임을 진행하거나 참여할 수 있다. 앞에서 설명한 내용대로 이 독서법과 독서 모임을 통해서 자신의 필요에 맞는 다양한 솔루션을 찾아갈 수 있을 것이다.

비즈니스 문제 해결 독서법은 먼가요?

독서 목표를 정한 후, 그에 맞는 '답'이 있는 책을 선정하여 목표에 맞는 책 내용을 읽고 읽은 내용을 목표에 맞게 정리, 적용하고 성과로 연결하여 목표를 달성하는 독서법입니다.

비즈니스 문제 해결 독서법으로 무엇을 할 수 있나요?

각자의 상황에 맞게 적용해 볼 수 있습니다

CEO 적은 비용으로 직원, 부서별 교육 가능 / 부서별, 직급별 맞춤 교육 가능 / 직원 성장에 활용 / 회사 문제 해결, 성과 창출에 활용

직원들 업무상 문제 해결, 성과 창출에 활용 / 자신의 성장에 꼭 필요한 도구

1인 기업 자기만의 콘텐츠 개발 / 맞춤형 문제 해결 가능 / 자기 스스로 성장 도구

비즈니스 문제 해결 독서법은 어떻게 하나요?

5단계로 진행하게 되는데요

1단계 목표를 정하고 목차를 만든다
2단계 '답'이 있는 좋은 책을 선정한다
3단계 필요한 것, 목표에 맞는 내용만 읽는다
4단계 목표에 맞게 읽은 내용을 정리한다
5단계 성과가 나도록 적용한다
     – 적용 후 목표 달성이 되도록 실행을 관리한다

비즈니스 문제 해결 독서법의 효과는요?

스스로 하는 학습 역량이 성장하게 됩니다
① 목표 기준으로 책을 읽게 된다
② 좋은 책 찾기에 힘을 쏟게 된다
③ 알고 싶은 내용의 답을 찾게 된다

성과 창출 역량이 강화됩니다
① 업무에 바로 활용 가능하고, 성과로 바로 이어짐
② 주제별 문제 해결, 성과 연결 가능
③ 개인별, 부서별 맞춤 문제 해결 가능
④ 새로운 콘텐츠 개발 가능

비즈니스 문제 해결 독서법

독서 목표를 정한 후, 그에 맞는 '답'이 있는 책을 선정하여, 목표에 맞는 책 내용을 읽고
읽은 내용을 목표에 맞게 정리, 적용하고 성과로 연결하여 목표를 달성하는 독서법!

	기존 독서법	비즈니스 독서법
책 읽기 전에 목표를 정하는가?	정하지 않음	정하고 읽음
문제에 대한 답이 있는 책을 읽나?	답이 있는지 불분명한 채로 읽음	답이 있는 책만 읽음
필요한 것만 읽는가?	처음부터 끝까지 읽음	필요한 것, 목표에 맞는 것만 읽음
언제까지 책을 읽나?	책 한 권을 다 읽을 때까지	답을 찾을 때까지
책을 읽고 기억에 남는가?	거의 기억이 안 남	몇 주가 지나도 기억남
목표에 맞게 정리하나?	없음	있음
독서 후 적용 방법은?	책을 읽고 알게 된 것 중심으로 적용	책 내용을 먼저 이해한 후에 찾은 답 적용
성과가 날 수 있게 적용하는가?	때때로	항상 성과를 내는 데 집중함
적용 내용의 목표 달성 관리가 되는가?	없음	독서 후 목표 관리를 함

독서 모임을 통해 비즈니스 문제 해결을 하고 싶다면?
문의 | 02-6092-7000

비즈니스 문제 해결 독서법 홈페이지
홈페이지 | https://businessanswer.imweb.me/

홈
페
이
지

주제별 '솔루션 독서 모임'

기업 경영과 관련해서 혹은 직원들의 부서별·직무별 업무 속에는 목표 관리 잘하는 법, 기획력을 높이는 법, 시장 조사하는 법, 핵심 역량을 찾아내고 키우는 법, 브랜드 만드는 법, 히트 상품을 개발하는 법, 고객의 재구매를 유도하는 방법 등과 같은 다양한 비즈니스와 관련된 주제들이 있을 것이다. 이러한 현장에서 발생하는 '문제'에 대해 주제별로 해결 방안을 찾는 독서 모임을 운영할 수 있다.

위의 다양한 경영 관련 주제에 대한 많은 책이 나와 있다. 이 책들을 활용하면 다양한 주제들에 대한 솔루션을 찾는 접근을 할 수 있다.

:: 다양한 주제의 솔루션을 찾아서 ::

기업에서는 위에서 언급한 내용 외에도 다양한 문제가 있을 것이다. 비즈니스 문제 해결 독서법은 근본적으로 목표를 설정하고 그에 대한 해결 방안을 독서를 통해 찾아내는 것이다. 그래서 어떠한 주제가 되든 목표를 설정할 수 있다면, 그에 맞는 책을 찾아서 솔루션을 찾아낼 수 있는 것이다. 즉, 다양한 주제에 대한 목표를 달성할 수 있게 접근하도록 돕는다.

2

비즈니스 이외의 영역에
활용하는 경우

: : 학교에서 자기 주도 학습을 위해 : :

기업이 아닌 초등학교, 중학교, 고등학교, 대학교, 대안학교 등에서
스스로 문제를 해결할 수 있도록 하는 교육을 목적으로 적용할 수
있다.

학습을 목표로 할 경우

예를 들면, 신라 시대에 관한 역사 공부를 할 때, 신라에 대해서 알
고 싶은 내용을 목차로 작성해서 학생 스스로가 여러 권의 독서를 통

해서 신라 시대에 대해서 알고 싶은 내용을 채워 가는 형태로 활용하는 것이다. 이렇게 될 경우, 주입식 교육이 아닌 스스로 알고 싶은 내용을 찾아가는 교육 방식을 적용해 볼 수 있다.

취업 준비를 목표로 할 경우

또한, 대학에서도 취업 준비를 위하여 목표를 설정한 후에 그에 필요한 자료 등을 수집하고 기업에서 필요로 하는 역량을 키우기 위하여 독서를 통해 단계적으로 역량을 준비하여 취업에 필요한 내용을 갖춰 나가는 데 적용하는 것이다.

기업에서는 취업 후 즉각적으로 업무를 담당하여 돈을 벌어 줄 수 있는 사람을 원한다. 그런데 현재의 신입 사원 채용 방식으로는 일을 할 수 있는 훈련을 기업에서 시켜야 하고, 그 과정에서 인건비를 포함한 많은 교육 비용이 들어간다. 그래서 기업들은 돈이 들어가는 신입 사원보다는 돈을 벌어 주는 경력 사원을 선호하는 것이다.

이런 상황에서 대학 시절에 기업에서 바로 적용할 수 있는 업무 역량을 미리 배양해 놓는다면 어떨까?

지방에 있는 대학이나 유명하지 않은 대학 출신은 취업도 힘들다는데, 경력 사원을 뽑을 때 과연 명문대 출신 중심으로 뽑을까? 명문대 출신이 아니면 불이익을 당할까?

신입 사원은 몰라도 경력 사원은 예외다. 왜 그럴까? 경력 사원에게는 출신 학교가 중요한 것이 아니라, 해당 분야에서의 성과를 만들어내는 실력이 중요하기 때문이다.

'기업에서 진짜 원하는 사람은 누구일까?'
명문대 출신이 아니라 '일 잘하는 사람'이다.

신입사원들은 명문대 출신을 포함해서 누가 일을 더 잘할 수 있을 거라고 예측을 하지 못하기에 과거의 기록 중에서 '명문대 출신이 일도 잘할 것 같아 보여서' 명문대생을 뽑는 것일 뿐이다. 명문대 출신이 아니더라도 일을 잘하는 사람이라면 출신 학교와 관계없이 직원을 선발하는 것이 기업이다.

그래서 대학 시절에 명문대생이 아니더라도 취업을 위해서는 기업이 필요로 하는 업무 역량을 준비할 수 있다면, 취업에서 훨씬 유리한 입장에 서게 될 것이다. 예를 들면, '일 잘하는 법', '문제 해결하는 법' 등을 대학 시절에 익혀서 취업 전에 기업에서 인턴 활동 등을 통하여 업무 역량을 배양하여 취업하는 것이다.

현재 대학에서는 이러한 역량을 교육하지 않기 때문에 학생들 스스로 이런 역량 배양을 '비즈니스 문제 해결 독서법'을 통해서 할 수 있다.

: : 개인의 자기 계발을 위해 : :

각 개인의 자기계발에 적용하는 독서법

각 개인은 연령대, 직업 등과 관계없이 미래의 더 나은 삶을 위해 자기 계발에 힘쓰며 노력하고 있다. 이때 누군가 방향을 알려 주고 자기 계발을 이끌어 줄 스승이나 코치가 있다면 좋을 텐데, 일반적으로는 그렇지 못하다. 그래서 많은 경우 각 개인들은 각자가 스스로 자기 계발을 해야 한다.

이럴 때가 바로 책 속에 있는 많은 스승들을 만나야 하는 때이다. 나도 그렇게 책 속에 있는 스승들을 만났다. 톰 피터스, 피터 드러커, 샘 월튼과 같은 많은 분을 만나게 되었다. 이와 같은 세계적인 거장을 책을 통해서 만났을 때 어떻게 만날 것인가? 바로 비즈니스 문제 해결 독서법을 통해서 만나야 한다.

나는 '톰 피터스'라는 분을 통해 많은 것을 배웠다. 한국에서는 많이 알려져 있지 않은데, 피터 드러커(Peter Drucker)와 함께 현대 경영의 창시자로 불리는 경영의 대가로서 '20세기 3대 경영서' 중 하나로 선정된 『초우량 기업의 조건』을 통해 기업경영에 대한 혜안과 통찰력을 제시한 분이다. 그런데 나는 이분을 한 번도 직접 만나 보지 못했다. 대신 책에서 만난 것이다. 비즈니스 문제 해결 독서법을 통해서 만났다.

그 당시 나는 34세로 5개 회사의 CEO를 맡게 되었는데, 새로 만나게 되는 경영의 문제가 많았었다. 그 고민의 많은 부분을 책을 통해서 배우고 공부하여 경영의 책임을 감당할 수 있었다. 그 이후에도 나는 많은 스승들과 코치들을 책을 통해 만나며 매년 성장하는 자기 계발을 이어 갈 수 있었다.

미래에 여러 개의 직업을 갖는 준비에 활용

나이가 들어가면서 직업과 역할에 변화가 일어난다. 앞으로는 지금까지처럼 한 개의 직업으로 정년까지 가는 것이 아니라, 여러 개의 직업을 가질 수밖에 없는 시대가 온다고 한다.

그때마다 새로운 역할과 변화에 적응하고 접근해야 하는데, 이것이 긍정적으로 이루어지게 하려면 지속적인 자기 계발을 함께해야 한다. 이때에 비즈니스 문제 해결 독서법을 자기 계발에 활용하여 자신의 역량을 계발하고 끌어올려 새로운 삶과 변화에 접근해 가는 것이다.

예를 들어 다음과 같은 목표가 생겼다고 가정해 보자.

"'노후의 삶을 준비하고 인생의 후반전을 어떻게 살아가야 할까?'에 대해서 준비하고 싶다."

그렇다면 이를 몇 가지 영역으로 나눠서 각각에 필요한 내용의 목표를 설정하고 목차로 변환해서 그에 맞는 책들을 선별하여 목차의 내용을 채워 가는 일련의 과정을 통해서 미래를 준비하는 데에 활용할 수 있다. 나도 이런 과정을 통해 CEO, 교수, 강사, 작가, 컨설턴트, 디자인 디렉터 등의 여러 직업을 함께 갖게 된 것이다.

자기만의 책 쓰기에 활용

비즈니스 문제 해결 독서법을 통해 자기만의 책을 쓸 수 있다. 어떤 내용의 책을 출판하고 싶다고 했을 때, 자신이 출판하고 싶은 책 내용 목차를 작성해서 그와 관련한 내용의 독서를 하는 것이다. 이를 통하여 기존에 없던 새로운 콘텐츠를 자신의 생각과 견해를 넣어서 채워 가며 만든다면, 기존의 책을 가지고 새로운 나만의 비결이 담긴 책이 완성되는 것이다.

:: 비영리 단체에서의 활용 ::

요즈음엔 비영리 단체들도 마케팅이 필요한 시대이다. 그리고 이것을 이루어 가는 다양한 아이디어가 필요한 시대이다. 이런 단체들은 많은 경우 사람들의 후원으로 운영되는데, 후원에만 의지하는 것이 아니라 이 사회의 약자와 어려운 사람들을 위하여 기존에 없었던 새로운 접근법도 필요하다.

예를 들어 '식당에서 저녁에 남아서 버려지는 음식을 노숙자들에게 제공하기 위한 방안을 수립'하는 목표를 가지고 있다면, 그 목표와 관련된 내용을 목차로 변환시킨 후에 그와 관련된 국내·해외의 자료나 도서를 찾아서 자체 토론, 전문가의 자문 등을 받아 목표로 했던 목차의 내용을 채워 가며 방안을 수립하는 것이다.

∷ 다양한 목표 달성을 위해 ∷

이외에도 목표를 정하고 그것을 달성해 가는 것이 필요한 영역에서는 모두 이 비즈니스 문제 해결 독서법을 활용해 볼 수 있다.

독서법 이름이 '비즈니스 문제 해결 독서법'이라고 해서 비즈니스에만 국한된 것이 아니라 비즈니스 문제 해결 독서법의 다른 이름이 '목표가 이끄는 독서법'이기도 하기 때문에 가능한 것이다. 아주 작은 규모의 프로젝트를 수행할 때나 취미 생활을 할 때에도 적용 가능하다.

3

평상시에 준비하는
효과 만점 독서 습관

마지막으로, 비즈니스 문제 해결 독서법이 효과가 나도록 평상시에
준비하는 법을 알아보고자 한다. 독서를 하기 위해서 필요한 것이 있
는데, 하나는 책이 있어야 하고 또 하나는 시간을 들여야 한다는 것
이다. 이외에 비즈니스 문제 해결 독서법에 필요한 것이 있는데' 목표
목차에 대한 좋은 정보를 갖고 있는 것이다.

: : 관심 있는 분야의 책, 평상시에 모으기 : :

첫째는, 자신이 관심이 있는 분야에 대해 주제별로 필요한 책을 평
상시에 찾아 모아 놓는 것이다.

좋은 책은 자신이 필요로 할 때 항상 옆에 있는 것이 아니다. 책이 출간돼서 어느 정도 기간이 지나면 그 책을 구할 수 없는 경우가 많다. 내가 마케팅 관련 강의와 컨설팅 경험이 전혀 없었을 때 좋은 평가를 받으며 처음 시작을 할 수 있었던 가장 큰 이유가 바로 20년 동안 꾸준히 모아 놓았던 마케팅 분야의 좋은 책들이 있었기 때문이다.

모아 놓는 책들을 꼭 읽지 않아도 좋다. 책이 출판된 그때그때 사서 모아 놓는 것이다. 그러기 위해서는 평상시에 자신의 관심사가 분명해야 하고, 당장 사용하지는 않더라도 언젠가 사용할 때를 대비해서 관심 있는 분야의 주제와 관련된 좋은 책들을 지금부터 꾸준히 모아 놓아야 한다.

좋은 결과는 어느 날 갑자기 한 번에 찾아오는 것이 아니다. 더구나 지식 분야 관련 결과는 더욱 그러하다. 책과 더불어 꾸준히 지식이 쌓일 때 비로소 좋은 결과로 다가오는 것이다. 이렇게 모아 놓은 책이 어느 날 여러분의 삶에 어떤 도움이 될지 모르지만, 분명한 것은 자신의 미래를 위하여 뿌린 오늘의 씨앗으로 하여금 언젠가는 그 책을 활용할 수 있는 기회가 온다는 것이다.

: : 매일 20분씩 꾸준히 독서하기 : :

둘째는, 매일 20분씩 목표를 정하고 그에 맞는 독서를 꾸준히 하는 것이다.

앞에서도 이야기하였지만 매일 독서를 꾸준히 하는 것이 중요하다. 그런데 생활 속에서 매일 독서를 한다는 것이 결코 쉬운 일은 아니다. 그런데 하루 20분 독서, 바쁘다면 시간을 더 쪼개어 오전에 10분, 오후에 10분 독서는 가능하지 않을까?

그동안 나 자신이나 직원들, 주변 지인들의 경우를 볼 때 하루 20분 독서의 실천은 대부분 가능했다. 그렇게 하루 20분씩 해서 6일 동안 읽으면 120분, 즉 2시간 독서가 가능해지는 것이다.

비즈니스 문제 해결 독서법은 목표에 맞게 필요한 것만 읽는다고 하였다. 필요한 것만 골라서 읽게 되면 6일에 책 1권을 읽는 것이 가능하다. 그렇게 읽고 일요일 하루 쉬는 것이다.

일주일에 1권씩 책을 읽으면 한 달이면 4권이 되고, 1년이면 48권이 된다. 그러기에 하루 20분 독서가 결코 가벼운 것도, 효과가 없는 것도 아니다.

1년 48권 중에서 단 20권이라도 좋은 책을 제대로 읽고 소화한다면, 그 인생에는 커다란 변화가 찾아올 것이다. 실제로 자기 관심 분야에서 제대로 책을 읽고 정리하여 소화한 책이 20권 정도 되는 사람이 얼마나 있겠는가?

: : '목차 노트' 만들어서 수시로 내용 작성하기 : :

셋째는, '목차 노트'를 만들어서 수시로 관심 있는 주제별로 목차 내용을 작성해 보는 것이다.

평상시에 좋은 책을 찾아서 모아 놓는 것이 중요한데, 평상시에 책을 발견했을 때 즉시 그 책이 좋은 책인지 아닌지를 빨리 분별하여 책을 구매하려면 무엇이 필요할까?

필요한 것이 나타났을 때 지체하지 않고 의사결정을 하려면, 나타난 것이 필요한 것인지 아닌지를 분별할 수 있는 사전 준비가 미리 되어 있어야 한다. 이러한 사전 준비에 해당하는 것이 평상시에 수시로 만들어 놓는 '목차 노트'가 되겠다.

'목차 노트란, 자신이 관심이 있는 주제에 대하여 그 내용을 목차로 만들어서 적어 놓는 노트를 말한다.'

목차 노트 작성을 통해 관심 있는 주제별로 목차를 만들어 놓는다면, 그에 해당하는 책을 만나게 되었을 때 목차를 보면서 혹은 기억하면서 분별할 수 있게 된다.

목차 노트는 관심 있는 주제별로 생각날 때마다 적어 보면서 계속 수정해 가야 한다. 관심 있는 주제라 해도 처음 적은 내용이 완전한 내용을 담고 있지는 않기 때문이다. 관심 있는 주제에 대해서 시간을 가지고 계속 생각하다 보면 그 내용이 점점 깊어질 것이고, 그에 따라 목차를 수정해 가면서 목차의 내용도 더 좋아져 가게 된다.

그리고 목차 노트를 작성해 가다 보면 자신이 무슨 주제의 어떤 내용에 관심이 있는지를 분명하게 정리하는 계기가 될 수 있다.

기본적으로 목차 노트는 논리적인 성격을 띠기 때문에 자신이 알고 싶은 주제의 내용이 어떻게 논리적으로 연결되는지를 살펴볼 수 있어서 자신의 관심사를 독서 전에 정리하는 데 도움이 될 수 있다.

에필로그

비즈니스 문제 해결 독서법은 다음 두 가지 질문에서 시작되었다.

'첫째, 왜 비즈니스 서적을 문학 서적과 같은 방법으로 읽어야 할까?'

왜 특성이 전혀 다른 문학 서적과 비즈니스 서적을 같은 방법으로 읽어야 하는 것일까에 대한 궁금증이 생겼다. 비즈니스를 하면서 만나게 되는 많은 문제들이 있는데, 그것을 해결하는 데 도움을 주는 독서법은 없을지에 대한 의문이 싹트기 시작했다.

'둘째, 왜 성과를 낸 사람들이 쓴 책을 읽는데도 자신이 성과를 내는 경우는 많지 않은 걸까?'

비즈니스 관련 책 저자들의 많은 경우는 실제 현장에서 많은 성과를 올린 사람들이다. 그런데 저자들의 노하우를 담은 내용을 책 속에 담아 출간하는데, 그것을 읽은 사람들은 의외로 성과로 연결하지 못하는 경우가 대부분이었다. 이것을 어떻게 해석해야 할까? 책을 쓴 사람들이 내용 전달을 잘못한 것인지, 아니면 그것을 읽고 소화하는 방법에 문제가 있는 것인지 스스로 많은 질문들을 던져 보았다.

그 결과, 책을 쓴 저자들이나 읽는 사람들에게서 문제 원인을 찾는 것은 무리가 있다고 생각했다. 왜냐하면 책을 읽는 많은 사람들, 특히 비즈니스 목적으로 책을 읽는 사람들 중에서 책을 읽고 성과로 연결되는 것을 원하지 않는 사람들은 없을 것이기 때문이다.

대부분은 책을 읽고 그 내용을 적용해서 성과로 연결하고 싶은 마음에 시간을 들여서 책을 읽을 것이다. 그런데 결과적으로 성과로 연결되는 경우가 많지 않다면 독서 방법에 문제가 있는 것이 아닐까라는 생각을 하게 되었고, 그 결과 나온 것이 '비즈니스 문제 해결 독서법'이다.

비즈니스 문제 해결 독서법은 이론적으로 배우거나 학교에서 배운 것을 통해 나온 방법이 아니다. 현장에서 경험하며 필요한 것을 해결하기 위해 직접 찾아낸 방법이다. 이 책을 읽으시는 분들도 이 독서법을 적용해서 활용한다면 문제 해결이나 주제에 대한 답을 찾을 때 상당한 도움이 될 것이고, 그것은 이미 현장에서 확인된 결과이다.

이 책을 쓰면서 아쉬운 점이 있다면, 책을 읽고 정리한 내용을 적용하여 성과와 연결시키는 부분이다. 성과라는 주제가 독서법이라는 주제보다 더 큰 주제이기에 이 책에서는 제한적으로 다룰 수밖에 없는 것이 많이 아쉽다.

나는 개인적으로 기업에서 하는 활동은 모두 성과와 연결되어야 한다고 믿는다. 그래서 나는 '성과 전문가'가 되고 싶고, 현장에서는 그렇게 인정받기도 한다. 같은 이유로 독서법도 성과와 연결되지 않으면 비즈니스 관련 영역에서는 그 의미가 없다고 생각한다. 그런데 이 부분을 이 책에서는 모두 다루지 못하고, 못 다룬 내용을 독서 모임이나 관련 강의, 교육에서 다뤄야 한다는 점에서 아쉬움이 남는다.

비즈니스 문제 해결 독서법은 목표를 가지고 읽을 수 있는 곳에는 다 유용하다. 자신이 책을 통해서 뭔가를 얻고자 하는 것이 있다면 이 비즈니스 문제 해결 독서법을 활용해 보자.

누군가가 강요해서 하는 독서는 지속성을 갖지 못할 것이다. 스스로 재미있게 의미를 찾아서 해야 지속성을 가진다. 그런 점에서 비즈니스 문제 해결 독서법은 큰 부담 없이 하루 20분 독서로 재미와 성장을 경험할 수 있는 참 좋은 독서법이다.

하루 딱 20분만 투자하여, 문제를 해결하고 목표를 달성해 보자! 일상생활 속에서 비즈니스 문제 해결 독서법을 활용하여 계속 성장하고 발전해 나가는 자신을 만나게 될 것이다.